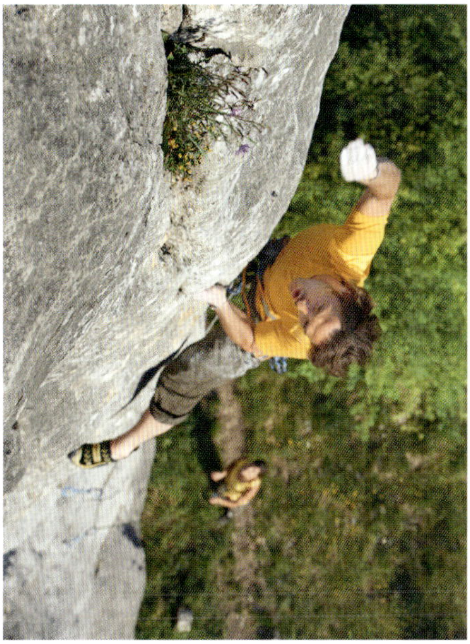

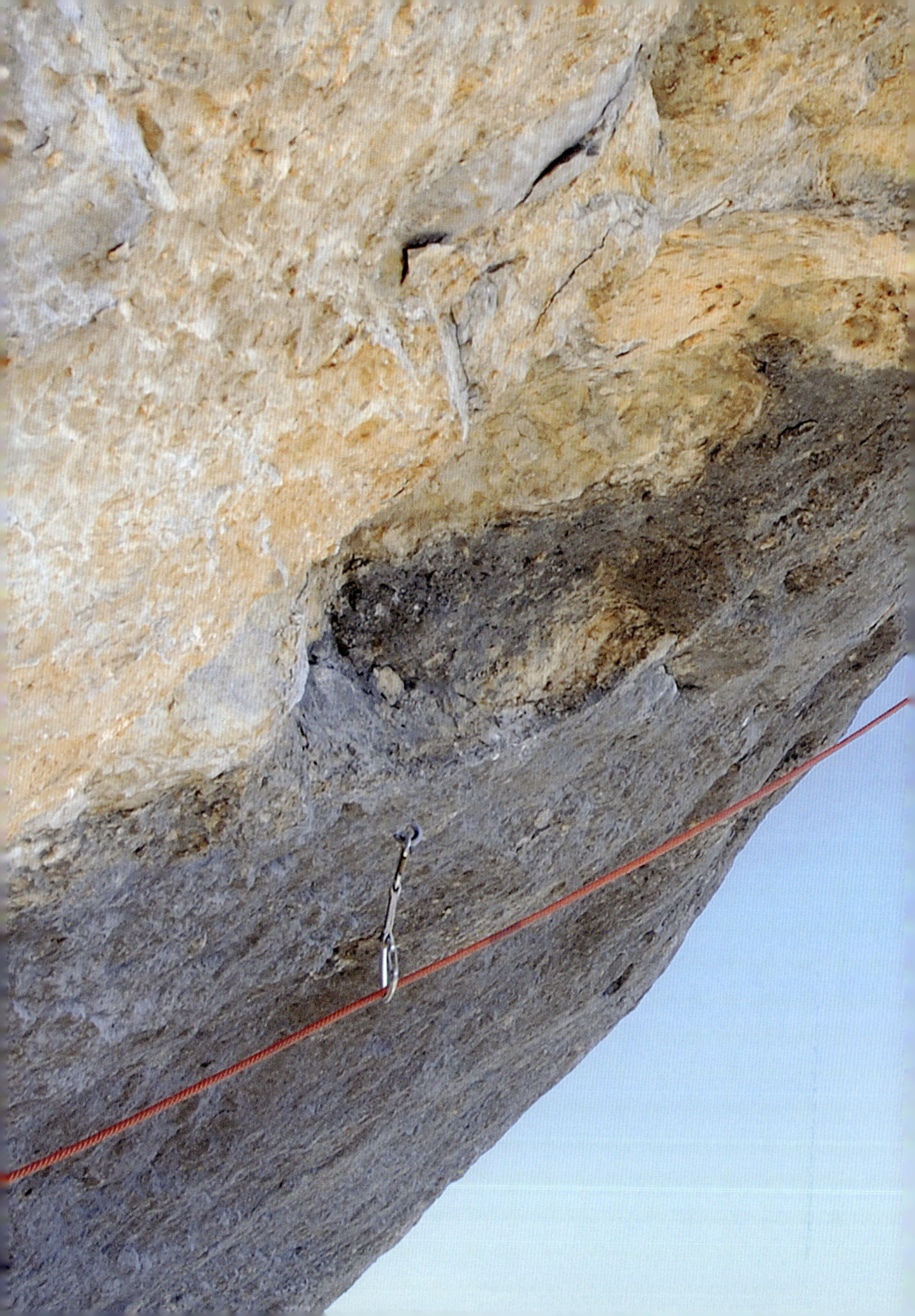

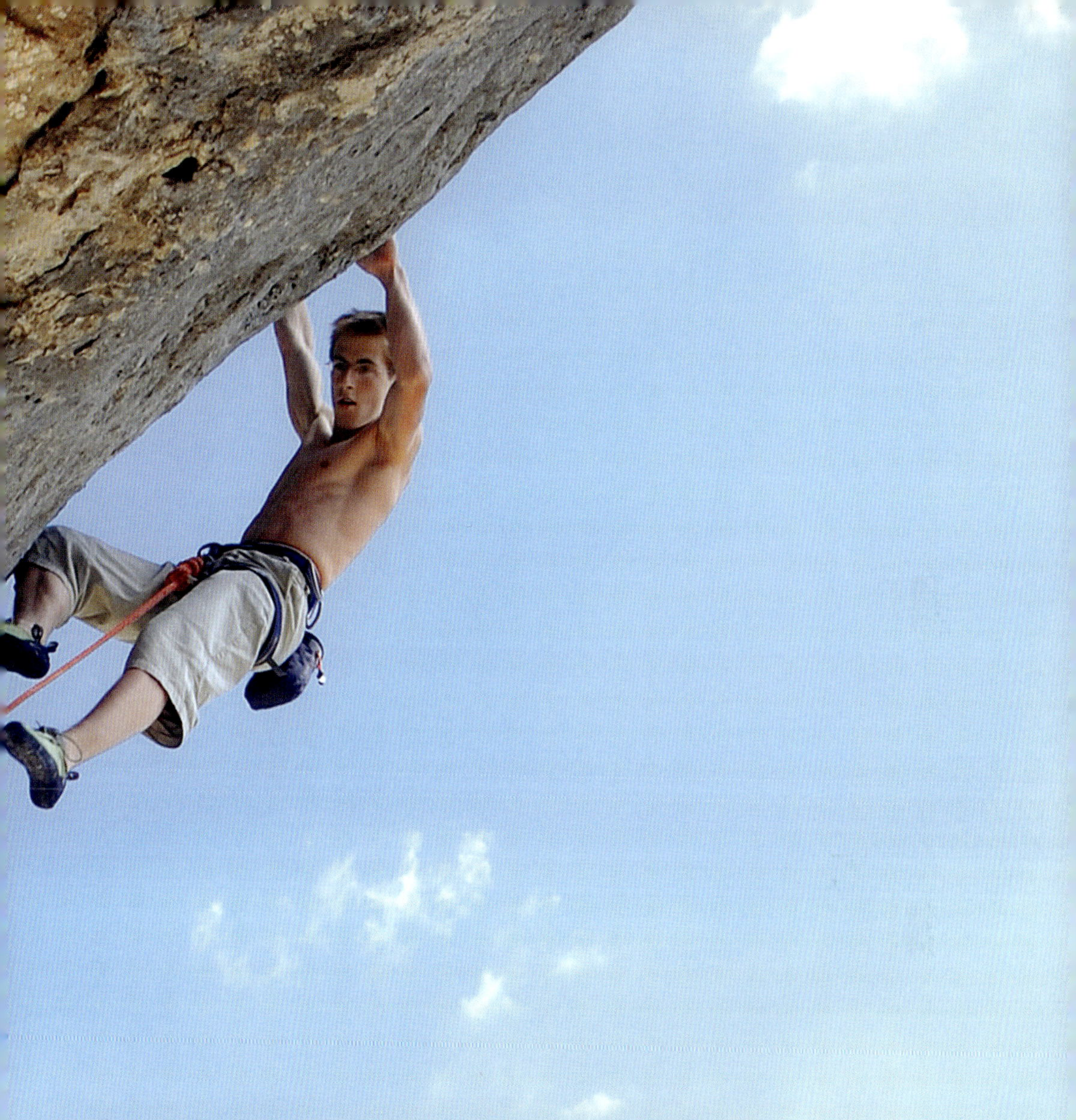

Outdoor-Klettern

Das offizielle Lehrbuch zum DAV-Kletterschein

ROTHER

DAV Deutscher Alpenverein

Was Sie in diesem Buch finden

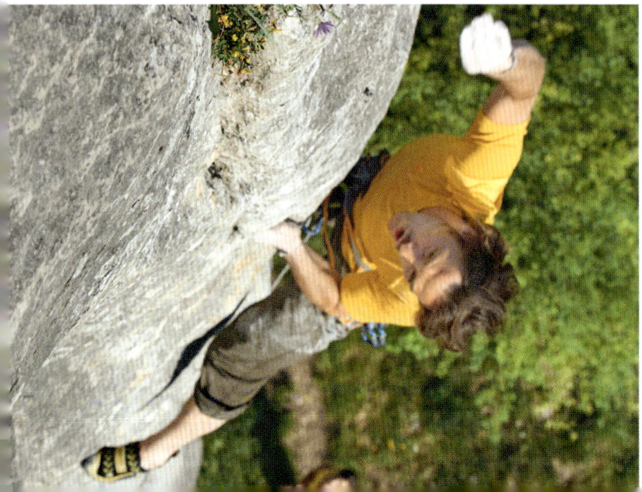

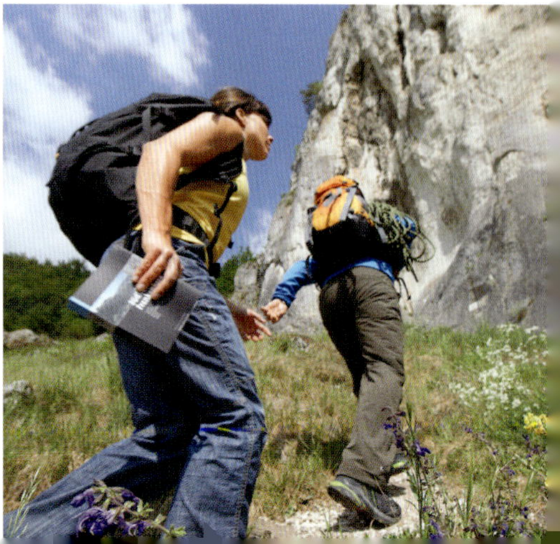

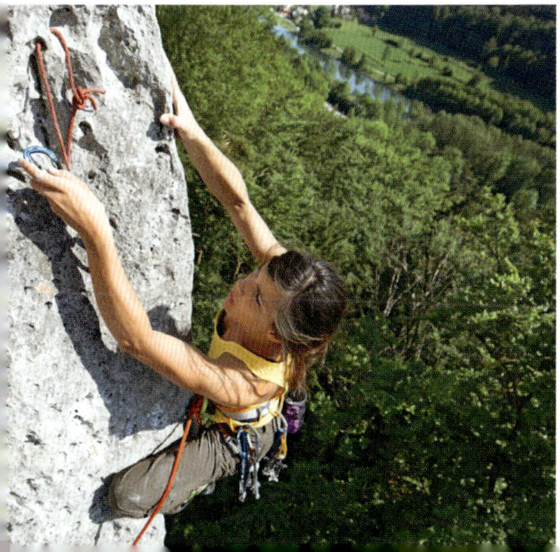

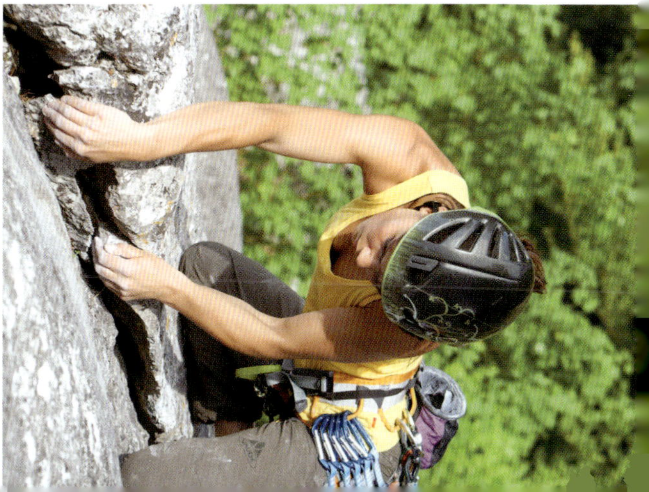

Vorwort

Klettern macht Spaß und ist gesund. Jung und Alt begeistern sich für die Bewegung in der Senkrechten und einen einfachen Zugang zu diesem faszinierenden Sport. Doch der Ursprung des Kletterns liegt in der Natur.

Die Tradition reicht in vielen deutschen Felsgebieten über 100 Jahre zurück. Neben der sportlichen Herausforderung liegt der Reiz auch im unmittelbaren Kontakt zur Natur.

Die felsigen Naturinseln beherbergen Tiere und Pflanzen eines einzigartigen Lebensraums. Die Faszination Klettern ist eng mit diesem Naturerlebnis verknüpft. Ein Erlebnis, das nebenbei hilft, eine positive Beziehung zur Natur und zum Naturschutz aufzubauen und deshalb besonders für die junge Generation besonders wertvoll ist. Der DAV hat das Ziel, den Menschen diesen Zugang zur Natur zu ermöglichen und dabei die Vielfalt der Pflanzen und Tiere am Fels zu erhalten.

Ebenso große Bedeutung beim Klettern hat die Sicherheit. Es gilt das Bewusstsein zu schärfen, dass die Natur kein standardisiertes Sportgerät ist. Unterschiedliche Felsqualität in Kalk, Sandstein oder Granit, teilweise große Hakenabstände oder die Orientierung mittels Kletterführer sind nur einige der Aspekte, die berücksichtigt werden müssen. Sicheres Klettern am Fels setzt daher bedachtes Verhalten und spezielles Wissen voraus. An dieser Stelle setzt die Ausbildung des Deutschen Alpenvereins an, die seit vielen Jahrzehnten hohe Qualitätsstandards erfüllt.

Burgi Beste
Vizepräsidentin des Deutschen Alpenvereins

Dr. Wolfgang Wabel
Geschäftsbereichsleiter Bergsport

Draußen ist anders

Kunstwandklettern und das bunte Treiben in der Kletterhalle kennst du bereits. Die muskulösen Athleten, die Mädchen mit Spargelarmen, die motivierten Jungs, die Rentner und Eltern-Kind-Seilschaften. Ebenfalls kennst du die Inhalte der DAV-Kletterscheine Toprope und Vorstieg sowie die Inhalte des Sicherungs-Updates. Und jetzt willst du nach draußen.

Oder du warst schon einmal im Klettergarten. Hast dort festgestellt, dass die Sicherungen nicht wie gewohnt in Meterabständen im Fels stecken. Vielleicht hattest du auch Schwierigkeiten, den richtigen Wandsektor zu finden. Egal, du willst nach draußen: dorthin, wo das Klettern einmal begann – an richtige Felsen. Wo man auch zwischendurch gemütlich in der Sonne liegen kann, ohne den ständigen Geräuschpegel der Kletterhalle im Ohr.

Fels ist kein Sportgerät

Mit drei Wörtern: »Draußen ist anders.« Die sicherheitsrelevanten Aspekte bilden das Hauptthema des vorliegenden Buches. Und es muss von vornherein klar gesagt werden: Der Fels ist kein Sportgerät. Im Gegensatz zur Kunstwand existiert dort keine Norm zur Verkehrssicherung – und in den meisten Fällen auch keine regelmäßige Wartung der Fixpunkte.

Du bist also für dich selbst verantwortlich! Stell dich darauf ein, unterschiedliche Sicherungsstandards vorzufinden. Unterziehe jede Route, die du klettern willst, einem Risikocheck. Setze dich ehrlich mit der Frage auseinander, ob du alle geforderten Techniken beherrschst und ob du der Kletterei mental gewachsen bist. Verzichte gegebenenfalls auf die Route – vor allem, wenn sie mobile Sicherungsmittel erfordert und du mit deren Anwendung nicht vertraut bist.

Abgesehen von der Sicherheit: Draußen bewegst du dich in einer Naturlandschaft. Fast immer liegen die Felsen in ökologischen Schutzgebieten. Draußen klettern heißt auch, dass du mit der einheimischen Bevölkerung respektvollen Umgang pflegst und die vielerorts bestehenden lokalen Klettertraditionen respektierst.

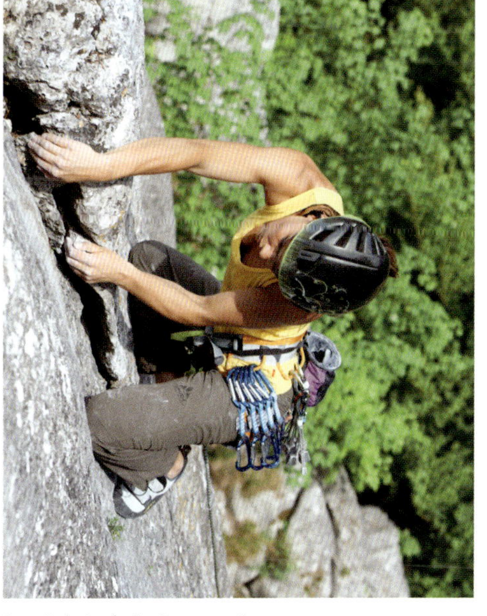

Der Fels ist kein Sportgerät.

Weitere Inhalte

Dieses Buch bietet auch Hinweise zum Thema Sicherungstraining und Stürzen sowie eine zeitgemäße Betrachtung der Klettertechnik. Dass auch Klettertaktik und Psyche eine große Rolle spielen, ist offensichtlich. Als weiterführende Literatur sei auf den Alpin-Lehrplan 2 und 5 verwiesen (Hoffmann 2024 und Semmel 2023).

Die Verwendung von Klemmkeilen und Cams sowie Klettereien mit alpinerem Charakter werden im Rahmen des Outdoor-Kletterscheins nicht behandelt. Hier im Buch ist den mobilen Sicherungsmitteln und auch dem Thema Standbau jeweils ein kurzes Kapitel gewidmet.

Nur sehr kurz angerissen sind die Ausrüstung für das Indoor-Klettern und die entsprechenden Sicherungstechniken. Beide findest du ausführlich im Buch »Indoor-Klettern« (DAV 2023). Bist du mit diesen Elementen nicht vertraut, beginne mit einem Kurs für den DAV-Indoor-Kletterschein. Erwirb erst die Fähigkeit, leichtere Hallenrouten sicher zu klettern, und widme dich danach dem Klettern am Fels.

Der Kletterschein Outdoor ergänzt das Ausbildungskonzept des DAV und setzt genau an der Schnittstelle von der Halle zum Fels an. Er enthält die Grundlagen für sicheres und umweltgerechtes Klettern – denn draußen Klettern ist anders. Das zeigen nicht zuletzt die vielfältigen Traditionen in den Klettergebieten. Sie tragen zum Facettenreichtum des Klettersports bei, der auch in Zukunft nichts von seiner Faszination verlieren wird.

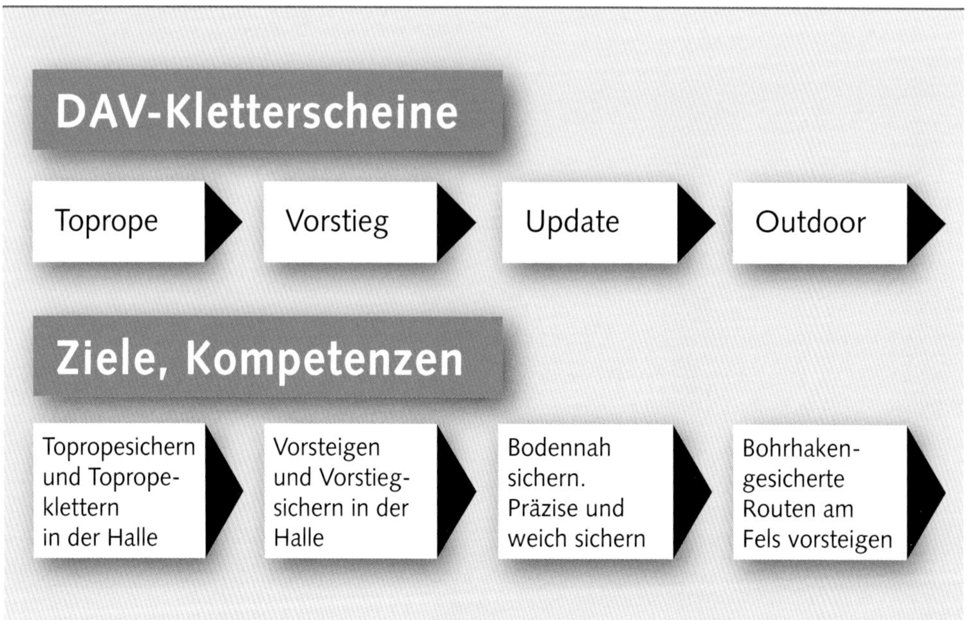

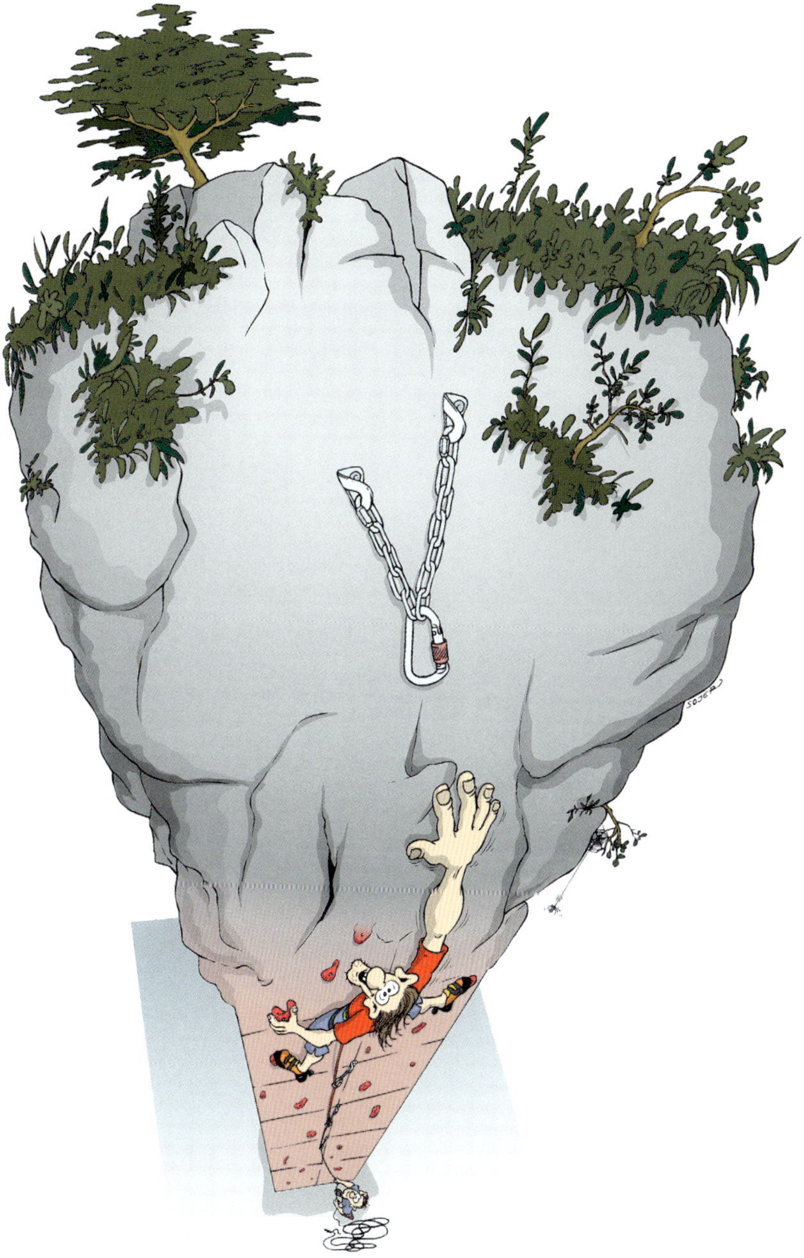

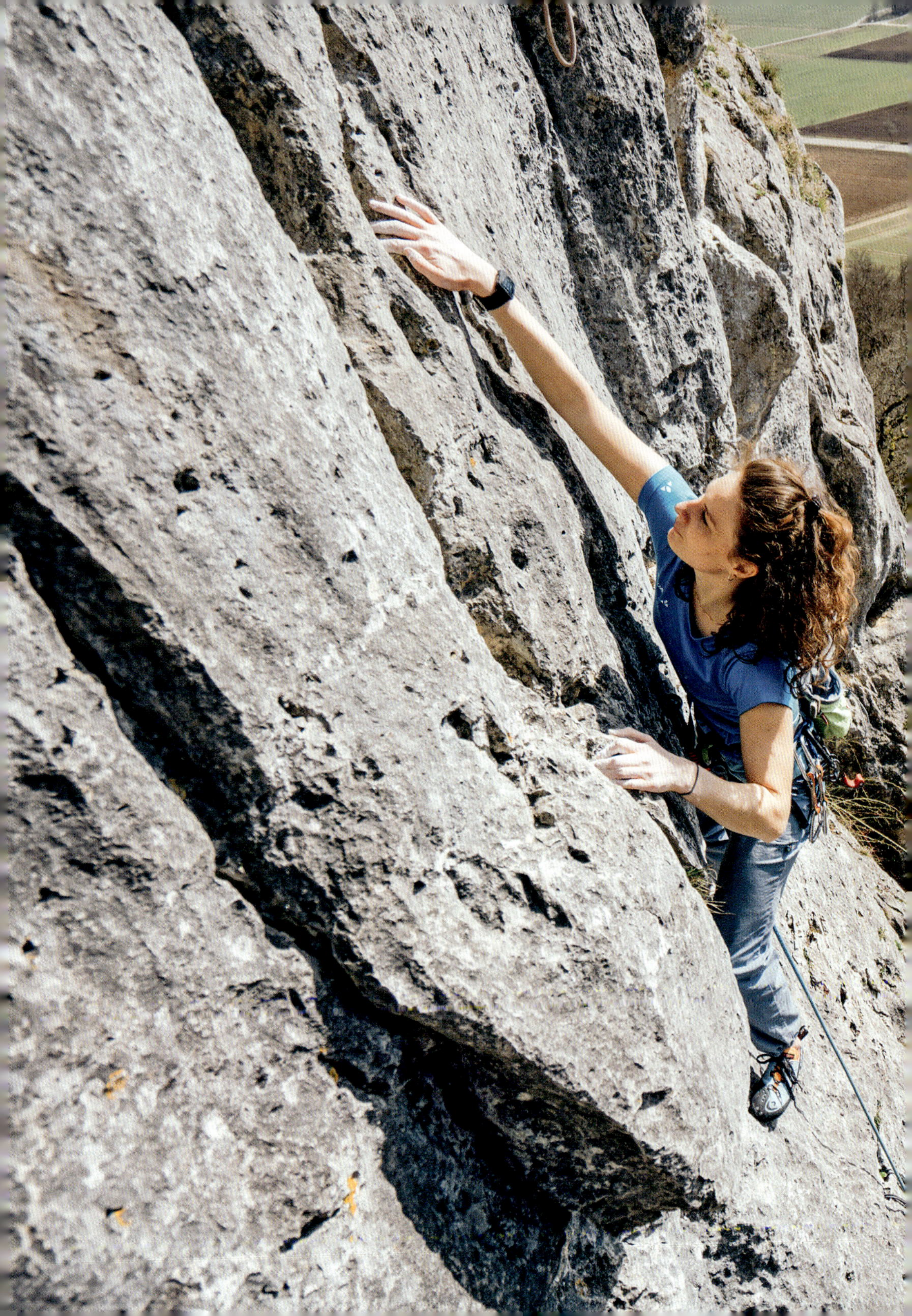

Lebensraum Fels, Naturschutz

Klettern hat sich in den letzten Dekaden zum Breitensport entwickelt. Ein großer Prozentsatz der aktiven Kletterer bevölkert die Klettergärten der Mittelgebirge. Hinzu kommt eine wachsende Anzahl von Indoor-Kletterern, die dort Erfahrungen am Naturfels sammeln.

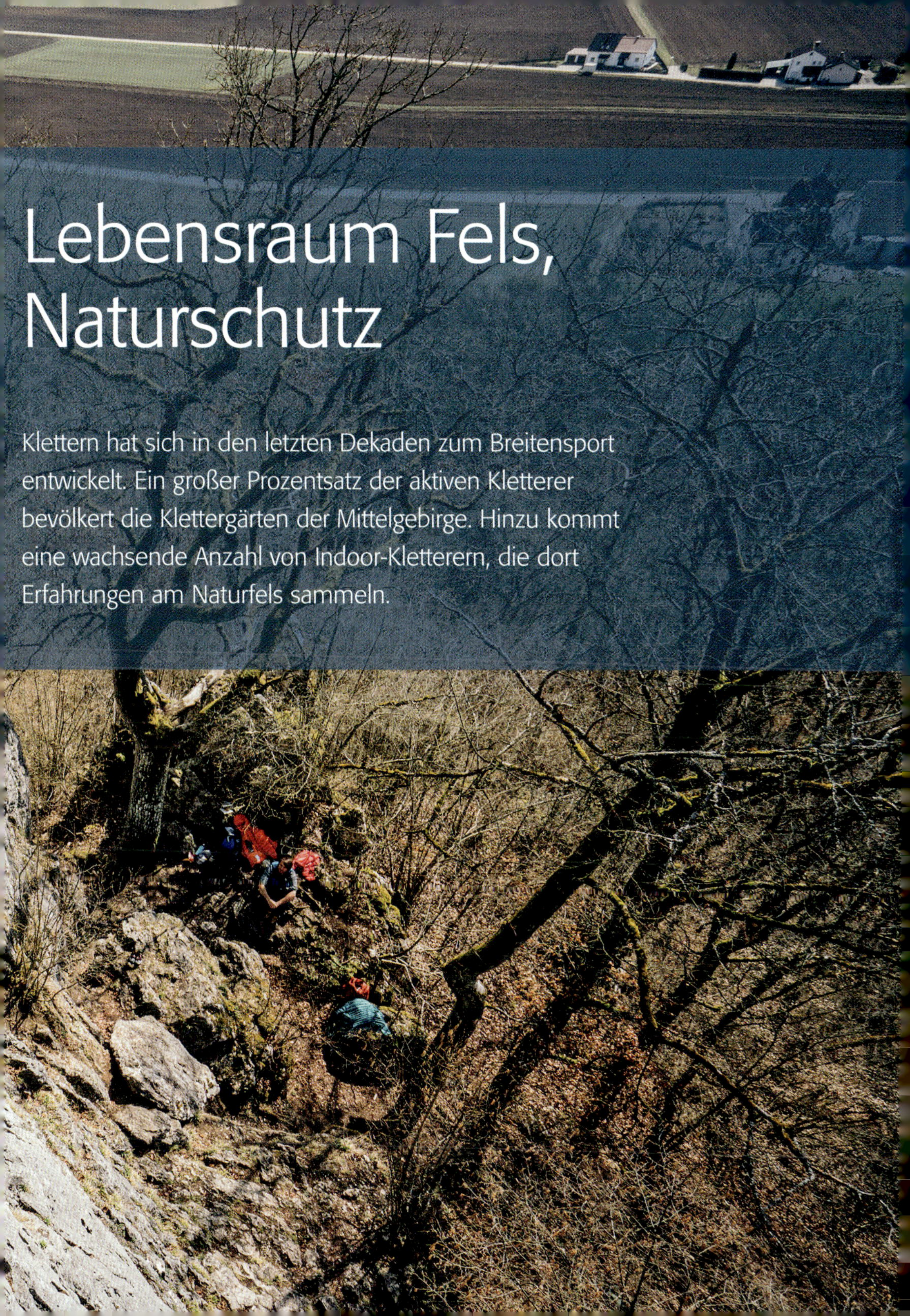

Sensible Naturinseln

- Felsen sind oft nahezu unberührte Inseln von Natur inmitten der hierzulande vorherrschenden Kulturlandschaft.
- Felsen sind wichtige Rückzugsorte für Pflanzen und Tiere. Oft findet sich hier eine große Artenvielfalt.
- Felsen sind in Deutschland gesetzlich geschützte Biotope.

Beim Klettern am Naturfels wirst du feststellen, dass Licht, Wind, Wärme und Kälte intensiver wirken als in der normalen Landschaft. Vielleicht fällt dir auf, dass seltene Pflanzen und Tiere zu sehen sind. Das liegt daran, dass Felsen in der mitteleuropäischen Landschaft etwas Besonderes sind.

Urlandschaft

Im Gegensatz zur wachsenden Zahl der Kletterer bleibt das Angebot an Felsen konstant. Weniger als ein Prozent der Fläche Deutschlands sind Felsen – der weitaus größte Teil davon liegt in den Alpen. Generell sind Felsen hierzulande

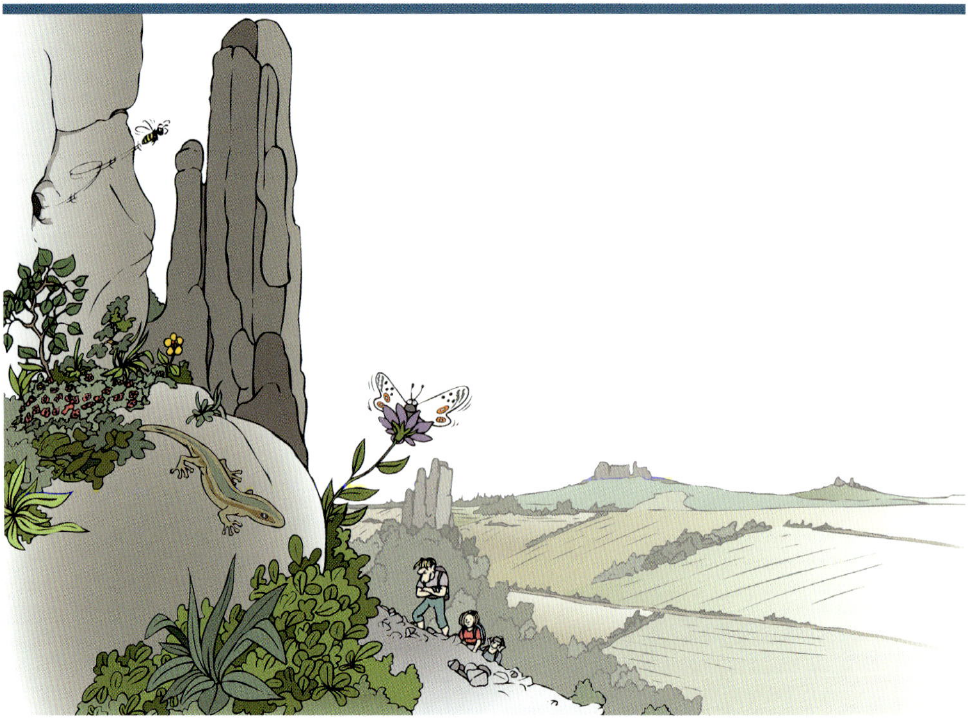

Felsen stellen Biotope dar, die oft noch ihren urtümlichen Charakter behalten haben.

sogenanntes Urland: in ihrer Einmaligkeit vergleichbar mit Mooren, Urwäldern und unregulierten Wildflüssen. Alle diese Landschaftsformen sind in Deutschland wie in ganz Mitteleuropa entweder zurückgedrängt oder bereits verschwunden. Die anderen Flächen – auch jene, die wir oft als natürlich empfinden – sind seit Jahrhunderten vom Menschen genutzt und geprägt. Sie werden Kulturlandschaft genannt.

Biotop

Felsen sind somit nahezu unberührte Inseln in der sie umgebenden Kulturlandschaft. Viele dieser Biotope verfügen über einzigartige Tier- und Pflanzengesellschaften. Sie stellen kleine, empfindliche Ökosysteme dar, die sich nach Schädigungen oft kaum mehr erholen. Klimaveränderung, Schadstoffeintrag und technische Eingriffe beeinträchtigen diese Biotope. Daneben kann auch die Nutzung durch Sportler und Erholungssuchende zu lokalen Schäden führen.

Sensible Felsvegetation

- Felspflanzen sind Spezialisten, die sich an die dort herrschenden extremen Witterungsbedingungen angepasst haben.

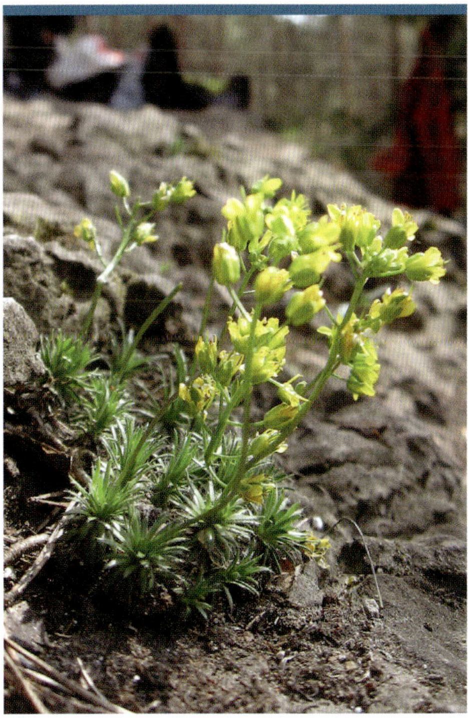

Immergrünes Felsenblümchen

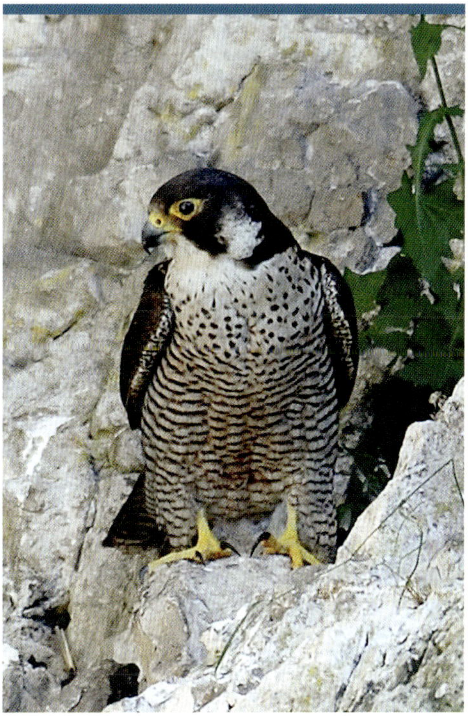

Wanderfalke

- Viele Felspflanzen sind gefährdet und gesetzlich geschützt. Vor allem auf sonnigen Felsköpfen wachsen seltene Arten (u.a. Reliktpflanzen, aus vergangenen klimatischen Epochen).

Mittelgebirgsfelsen weisen trotz ihrer geringen Höhe ähnliche ökologische Verhältnisse wie das Gebirge auf. Im Tagesgang sowie im Wechsel der Jahreszeiten herrschen große Temperaturunterschiede. Sonneneinstrahlung, angespannter Wasserhaushalt und Windexponiertheit erschweren die Lebensverhältnisse der dort angesiedelten Pflanzen.

Reliktpflanzen

Während der letzten Eiszeit vor rund 12 000 Jahren wurden viele Arten aus den Alpen und aus Skandinavien in die eisfreien Gebiete Mitteleuropas zurückgedrängt. Danach wurde es wieder wärmer, und konkurrenzstärkere Arten wie die Buche eroberten fast alle Standorte wieder zurück. Lediglich an den Felsen der Mittelgebirge konnten sich widerstandsfähige und hoch spezialisierte Reliktpflanzen aus der Eiszeit halten. Zu den ursprünglich aus kühleren Regionen stammenden Arten gesellten sich wärmeliebende Pflanzen aus dem mediterranen Raum und einige aus den nordosteuropäischen Steppen. Manche dieser Arten sind Endemiten, das heißt, sie kommen weltweit nur noch in einem eng umgrenzten Bereich vor.

Tiere am Fels

- Einige Vögel, wie Wanderfalke, Uhu, Kolkrabe und Dohle, brüten am Fels und sind auf diesen Lebensraum angewiesen.
- Störungen gefährden den Bruterfolg.
- Auch Reptilien, Fledermäuse, Insekten und weitere Tierarten leben an den Felsen oder in deren Umgebung.

Vögel wie Wanderfalke, Uhu, Kolkrabe und Dohle nutzen kleine Höhlen und Nischen als Brutplätze. Felsbrütende Vögel reagieren während der Brut- und Aufzuchtzeiten (Frühjahr, Sommer) sehr sensibel. Störungen können zur Aufgabe der Brut und damit zum Verlust des Nachwuchses führen.

Fledermäuse leben in größeren Höhlen, und Siebenschläfer nutzen regengeschützte Spalten zur Aufzucht ihrer Jungen. Schnecken bauen ihre Gehäuse aus dem Kalk der Felsen und ernähren sich von Flechten. Reptilien wie Mauereidechse oder Schlingnatter nutzen als wechselwarme Tiere die Wärme. Viele Insekten sind direkt an Felspflanzen gebunden, die ihnen Nahrung geben. Spinnen sind bereits in den Wintermonaten aktiv, wenn sich die südseitigen Felsen an schönen, sonnigen Tagen erwärmen.

Vereinbarungen zum naturverträglichen Klettern

- Häufig gibt es von allen Beteiligten gemeinsam erarbeitete Kletterkonzeptionen, die das Klettern an den Felsen in naturverträgliche Bahnen lenken.
- Kletterkonzeptionen teilen Felsen meist in Zonen unterschiedlicher Nutzung ein:
  1 **Ruhezone:** Kletterverbot
  2 **Vorrangzone Naturschutz:** Klettern im bisherigen Umfang erlaubt
  3 **Vorrangzone Klettern:** auch Erstbegehungen erlaubt
- Gebietsbetreuer setzen die Regelungen vor Ort um und sind wichtige Ansprechpartner.
- Kletterregelungen sind verbindlich – und oft auch gesetzlich verankert.

Bereits in den 1980er-Jahren, der Sturm-und-Drang-Zeit des Sportkletterns, kam es zu Konflikten zwischen Naturschützern und Kletterern.

Die Folge waren langwierige Auseinandersetzungen und teils großflächige Felssperrungen.

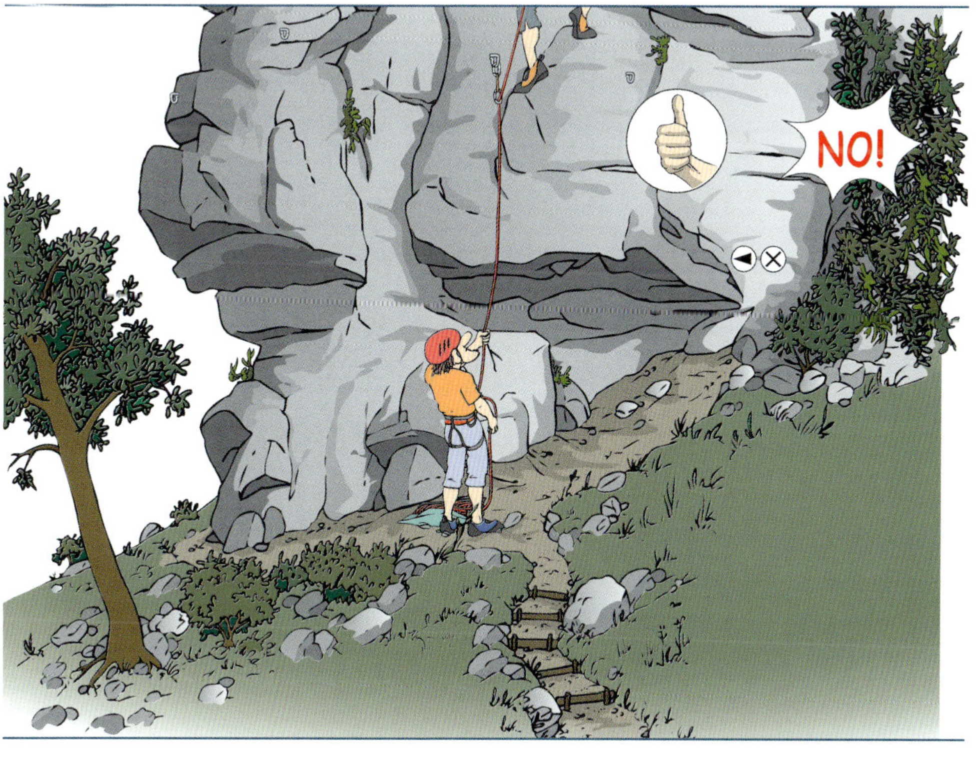

Es dauerte etliche Jahre, bis der Alpenverein die Notwendigkeit erkannte, sich zu engagieren. Mit Partnern wie der IG Klettern, Naturfreunden und Pfälzer Kletterern erarbeitete der DAV auf Basis der bundesweiten »Kletterkonzeption für die außeralpinen Felsgebiete Deutschlands« in vielen Gebieten langfristig tragfähige Lösungen. Allerdings gibt es nach wie vor Gegenden, in denen noch kein Konsens gefunden werden konnte.

Differenzierte Regelungen

In Gebieten mit hoher Frequentierung haben sich »differenzierte Regelungen« zur klettersportlichen Nutzung bewährt. Sie orientieren sich an der Struktur des Naturraums, an der Schutzwürdigkeit und am Ausmaß der Nutzung. Ein positives Beispiel ist das im Nördlichen Frankenjura entwickelte Dreizonenkonzept:

- Zone 1 »Ruhezone«: Es dürfen weder Neutouren eröffnet noch alte Routen beklettert werden.
- Zone 2 »Vorrangzone Naturschutz«: Klettern bis zu den Umlenkhaken ist erlaubt, Neuerschließungen nicht.
- Zone 3 »Vorrangzone Klettern«: Außerhalb der Vegetationszone sind Erstbegehungen mit Umlenkhaken möglich.

An zonierten Felsen sind Schilder mit Aufschrift der jeweiligen Zone angebracht. Außerdem existieren die Symbole Kreuz und Pfeil: Ebenfalls am Fels angebracht, markieren sie die zum Klettern erlaubten Wandbereiche. Bisweilen werden diese Symbole auch verwendet, um den Zustiegsweg zu markieren.

Erhalt der Klettermöglichkeiten

Die gern in Anspruch genommene Freiheit, an den Mittelgebirgsfelsen zu klettern, ist nicht selbstverständlich und erfordert eine Kooperation aller Beteiligten. Die daraus erwachsenen »differenzierten Regelungen« schonen nicht nur die felsbewohnenden Pflanzen und Tiere, sondern leisten auch einen wichtigen Beitrag, um die Klettermöglichkeiten langfristig zu sichern.

Betreuung der Gebiete

In den meisten Klettergebieten setzen sich ehrenamtliche Betreuer für die Ausübung des

Markierungssymbole in Klettergebieten

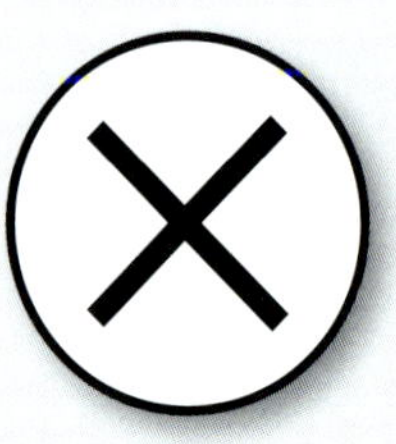

Gesperrter Weg oder gesperrter Wandbereich:

Das Kreuz markiert die Schutzzone.

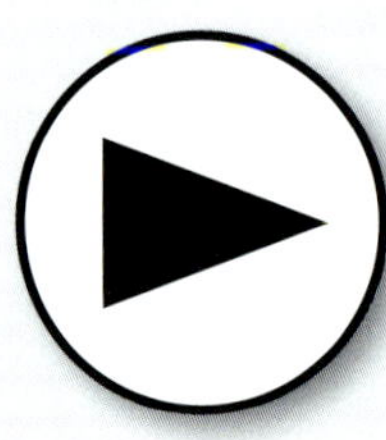

Zu- oder Abstieg:

Die Pfeilspitze weist die Richtung.

Freigegebene Wandzone:

Die Pfeilspitze weist zum bekletterbaren Bereich.

naturverträglichen Klettersports und damit für den Erhalt der Klettermöglichkeiten ein. Oft sind sie in Arbeitskreisen Klettern & Naturschutz (AKN) organisiert. Kontaktadressen unter www.dav-felsinfo.de. Um bundesweite Themen kümmert sich die DAV-Kommission Klettern & Naturschutz.

Sperrungen wegen Vogelschutz

- Zeitlich befristete Sperrungen während der Brutzeit.
- Meist von Jahresbeginn bis Juni oder Juli, je nach Vogelart und Gebiet.

Wanderfalken sind die Charaktervögel der Mittelgebirgsfelsen. Sie brüten von Anfang Februar bis Ende Juni an hohen, frei stehenden Felsen und benötigen dafür geschützte Felsnischen sowie geeignete Aussichtspunkte und »Rupfkanzeln« in der Nähe ihres Brutplatzes. Da Falkeneier direkt auf dem Fels liegen, können sie – wie auch später die Jungvögel – durch Kälte geschädigt werden bzw. sterben. Schon eine einzige Störung kann zum Brutverlust führen.

Auch Uhus brüten gerne an Felsen. Sie bevorzugen Bänder, auf denen sie eine einfache Nestmulde scharren. Ein optimaler Brutplatz bietet freie Anflugmöglichkeit, Schutz vor Niederschlägen sowie seitlichen Sichtschutz. Die

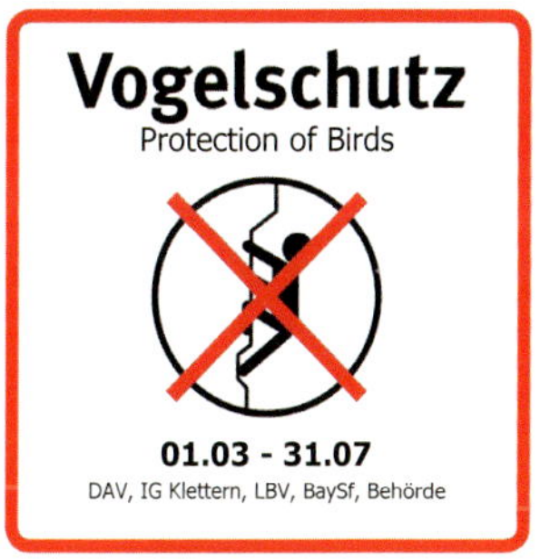

Während der Brutzeit darf hier nicht geklettert werden.

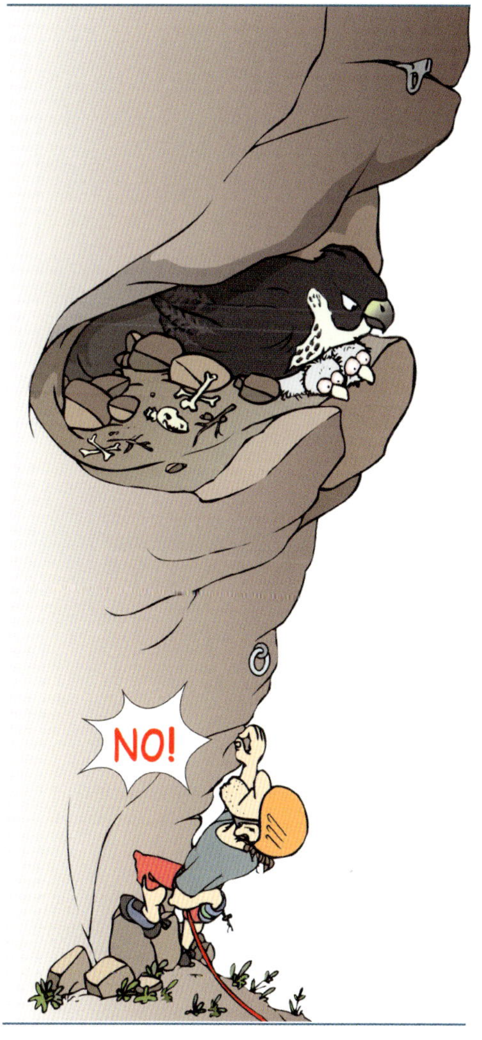

zwei bis drei Jungen einer Brut verlassen den Nestplatz häufig schon vor dem Flüggewerden und halten sich dann am Wandfuß oder auf dem Felsband auf. Sie sind dabei keineswegs hilflos und verlassen. Die Altvögel wissen genau, wo sich ihre Jungen befinden. Solltest du derartige Jungvögel wahrnehmen, dann ziehe dich so schnell und unauffällig wie möglich von den Felsen zurück.

Außerdem leben Kolkraben, Dohlen und weitere Arten an den Felsen. Zum Schutz der felsbrütenden Vögel werden die betroffenen Felsen während der Brutzeit – meist von Januar oder Februar bis Juni oder Juli – ganz oder teilweise gesperrt. Die Brutzeit variiert je nach Vogelart und Witterung. Informiere dich vorab und beachte die Beschilderungen vor Ort.

Schutz der Pflanzen

- Ausgewiesene Zustiege benutzen, auf den Wegen bleiben.
- Materialdepot an geeigneter, vegetationsfreier Stelle.
- Felsköpfe nicht betreten, Umlenkhaken benutzen.
- Stark bewachsene Felsbereiche nicht beklettern.

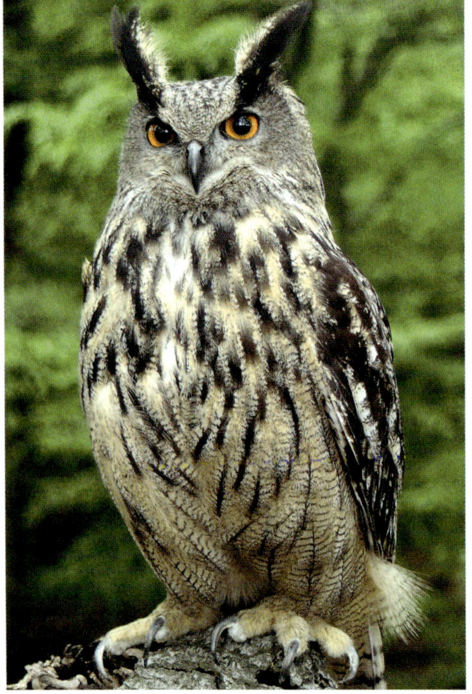

Uhu

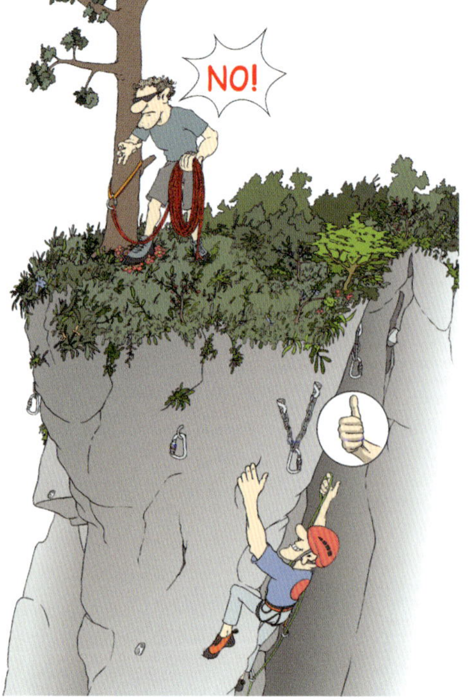

Umlenker benutzen, Felsköpfe nicht betreten

Klettern in Felsbereichen mit Pflanzenbewuchs verursacht Vegetationsschäden. Wo du also hinsteigst, »wächst kein Gras mehr«. Meide darum stark bewachsene Felsbereiche und entferne keine Pflanzen aus der Wand. Ohne Bewuchs waschen Wind und Regen auch noch die letzten Reste übrig gebliebener Erde fort. Solcherart zerstörte Wuchsorte sind meist unwiederbringlich verloren.

Felsfreistellung

Manchmal werden Felsen auf behördliche Anordnung hin freigestellt. Das bedeutet, dass die im Nahbereich befindlichen Bäume gefällt werden. Obwohl dies auf den ersten Blick der Natur zu schaden scheint, helfen Freistellungen, die spezielle Felsvegetation zu erhalten. Wird nämlich der Felskopf vom Wald überwuchert, schwindet dort der Artenreichtum rapide. Auf diese Weise dienen Freistellungen letztlich der Artenvielfalt.

Außerdem verfolgen sie auch landschaftspflegerische und touristische Ziele: Vorher zugewachsene Felsen werden wieder sichtbar und charakteristische Landschaftsbilder wiederhergestellt. Die Maßnahmen kommen außerdem meist auch den Kletterern zugute. Freigestellte Felsen trocknen schneller ab und bieten ein sonnigeres Ambiente.

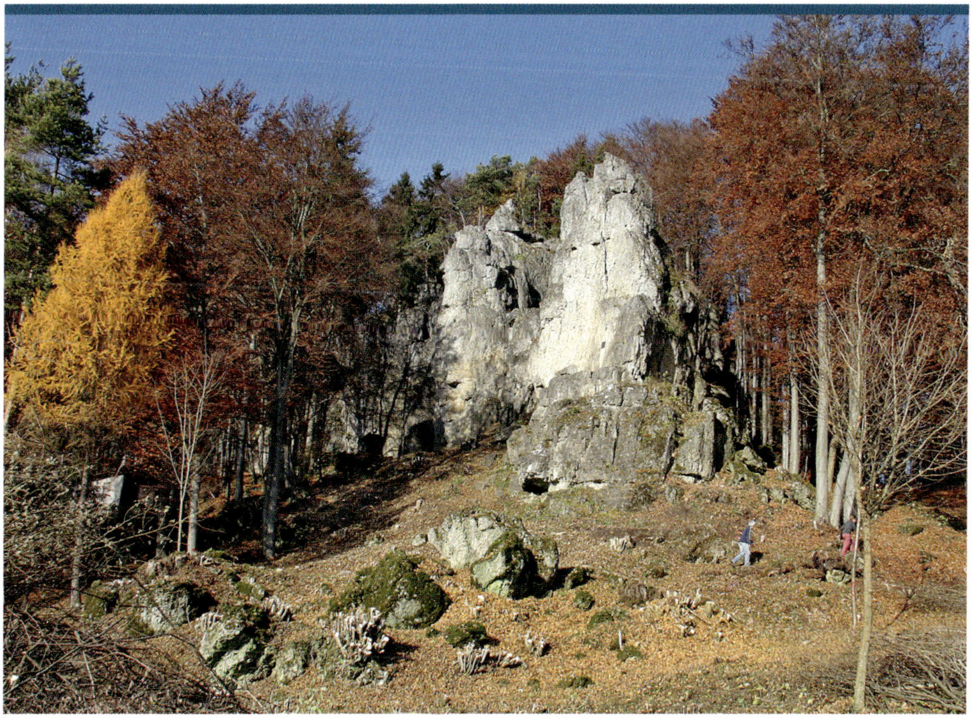

Hohe Reute in der Fränkischen Schweiz

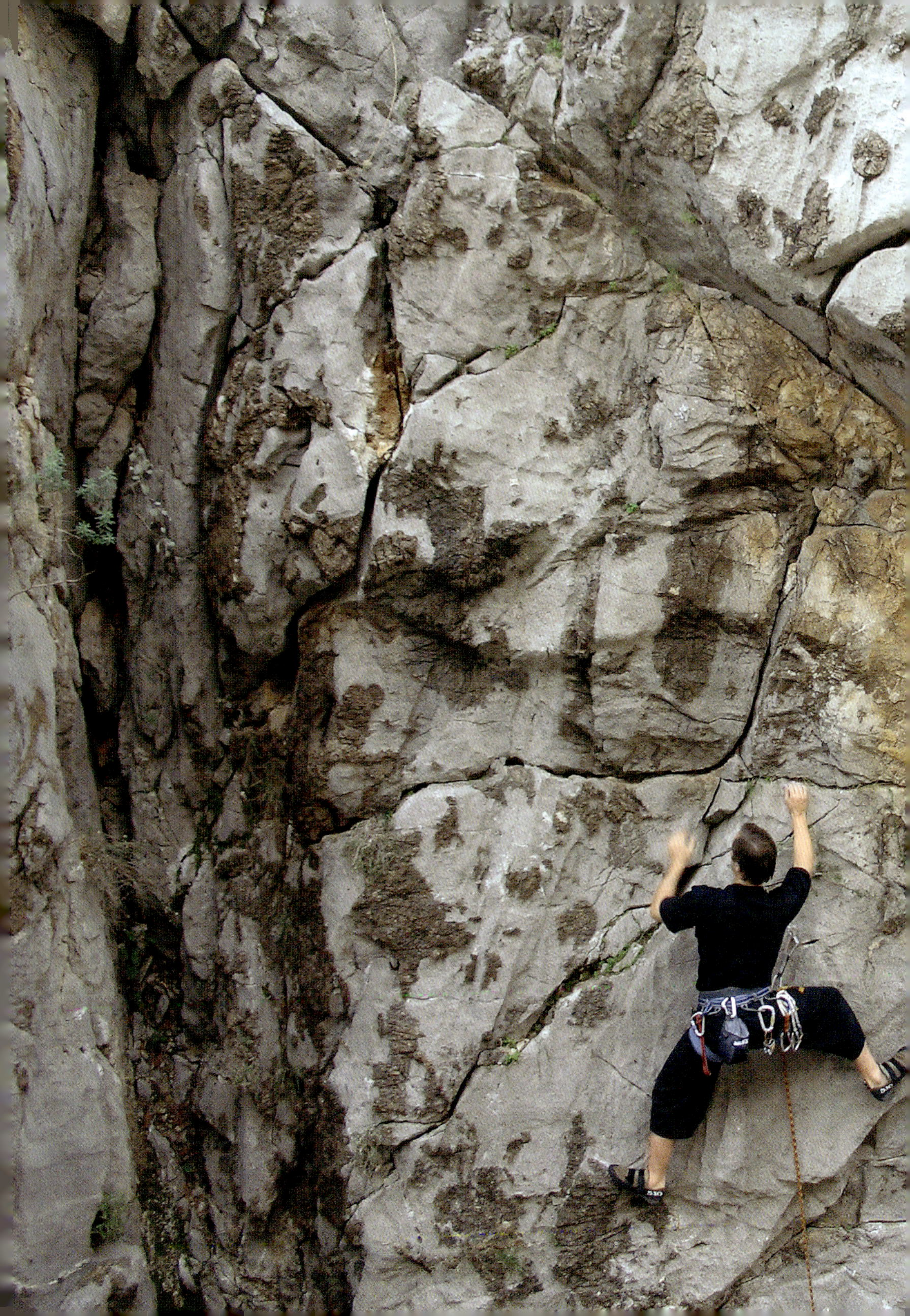

Draußen klettern

In vielen Kletterhallen hängen fest installierte Topropeseile. Draußen ist es nur selten möglich, eine Route von vornherein Toprope zu klettern. Die Umlenker befinden sich oben in der Wand und die Felsköpfe sollen in der Regel nicht betreten werden. Draußen klettern heißt also meist auch vorsteigen. Doch damit nicht genug. Um draußen zu klettern, musst du den richtigen Felsen und die gewünschte Route finden und dir in diesem Zusammenhang natürlich zuallererst klarmachen, welches Gebiet du überhaupt ins Auge fasst.

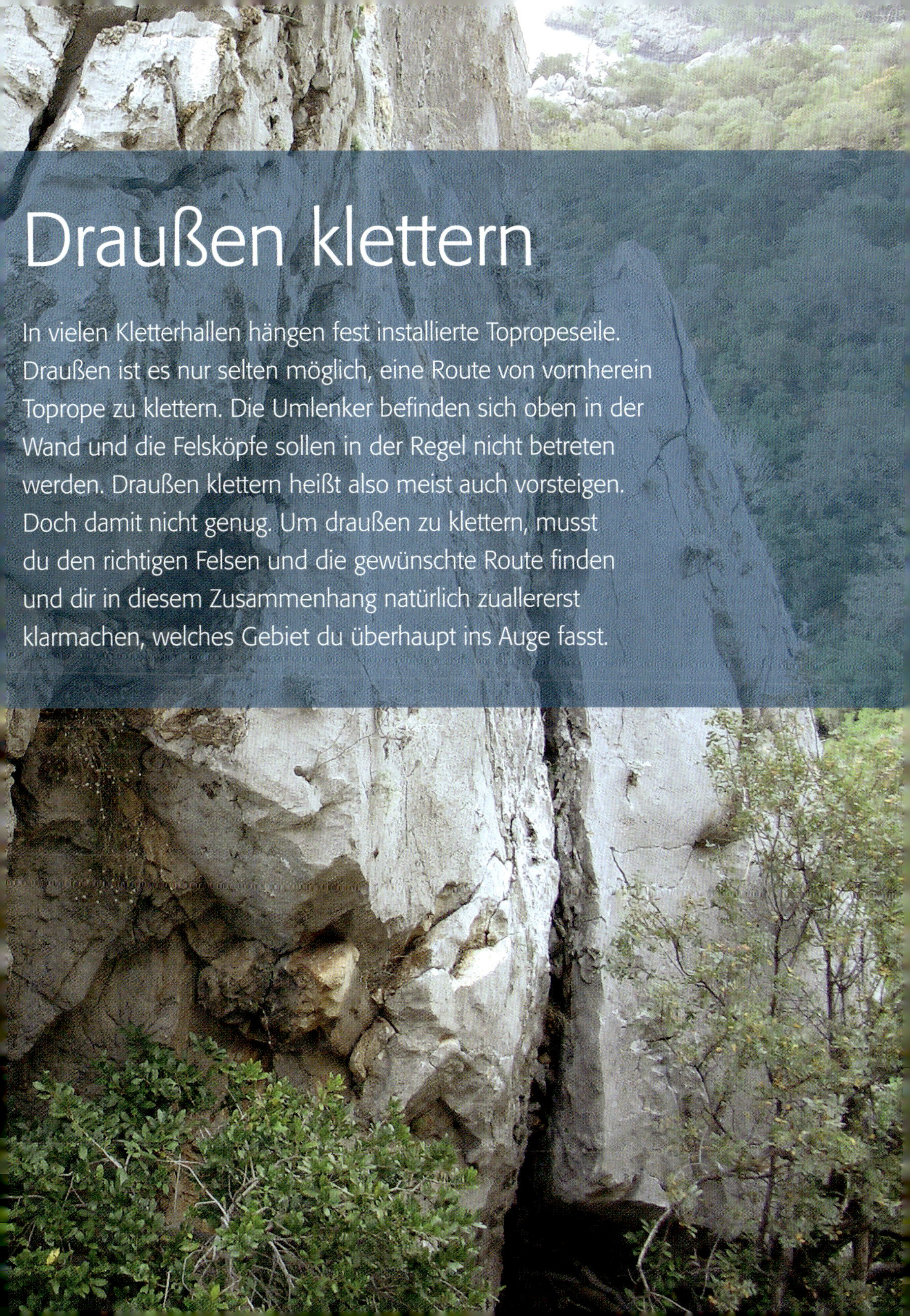

Planung und Anreise

- Mache dich mit dem geplanten Gebiet vertraut (Topoführer, DAV-Felsinfo).
- Informiere dich über die bestehende Kletterregelung. Gibt es aktuelle Sperrungen?
- Anreise in Fahrgemeinschaften oder besser mit öffentlichen Verkehrsmitteln, ggf. in Kombination mit Fahrrad.
- Angemessenes Verhältnis von Anreise- zu Aufenthaltsdauer; Campingplätze und Gasthäuser nutzen.

Topoführer zeigen dir die Felsen und Routen. Fast immer enthalten sie Hinweise über die Absicherung und oft auch eine Übersicht über die Verteilung der Schwierigkeitsgrade an den einzelnen Felsen. Viele Infos findest du auch im Web. In den einschlägigen Sites kannst du neben Topos oft auch Kommentare zu den Routen einsehen und dich über bestehende Kletterregelungen kundig machen. Gibt es eventuell temporäre Sperrungen (www.dav-felsinfo.de)?

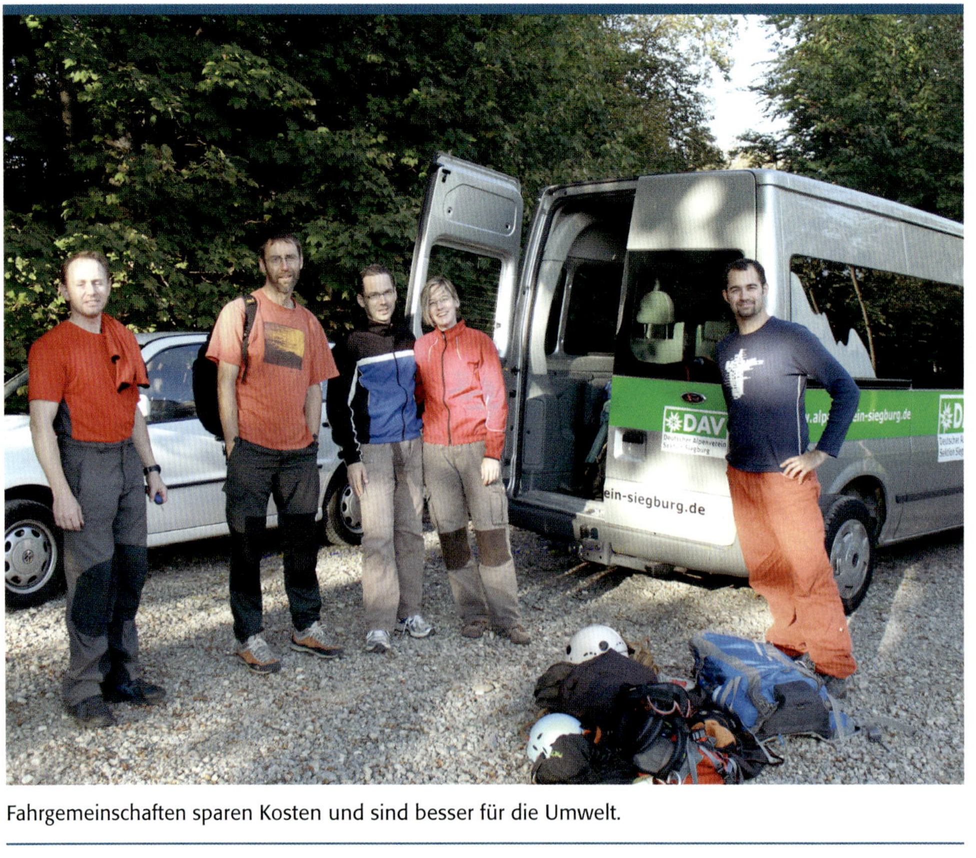

Fahrgemeinschaften sparen Kosten und sind besser für die Umwelt.

Anreise

Da nur die wenigsten Kletterer die Felsen direkt vor der eigenen Haustüre haben, steht vor dem Genuss erst einmal die Anreise. Wo es möglich ist, sollten dafür öffentliche Verkehrsmittel genutzt werden. In Kombination mit einem Fahrrad bieten sie gegenüber dem Individualverkehr die ökologischere und oft auch stressfreiere Alternative.

Einige Felsregionen in den Mittelgebirgen sind allerdings nur schwer mit Bus und Bahn erreichbar, sodass die Anreise oft mit dem Pkw erfolgt. Die bekannten Nachteile (Lärm, Abgase, Kohlendioxid-Emission und Staus) nimmt man notgedrungen in Kauf.

Fahrgemeinschaften sind in diesem Zusammenhang eine gute Option. Sie reduzieren die Umweltbelastung und sparen Kosten.

Bedenke auch das Verhältnis von Anreise- zu Aufenthaltsdauer. Bei einer Tagestour mit zwei Stunden Anreise steht den insgesamt vier Autostunden nur wenig reine Kletterzeit gegenüber. Lohnt sich das?

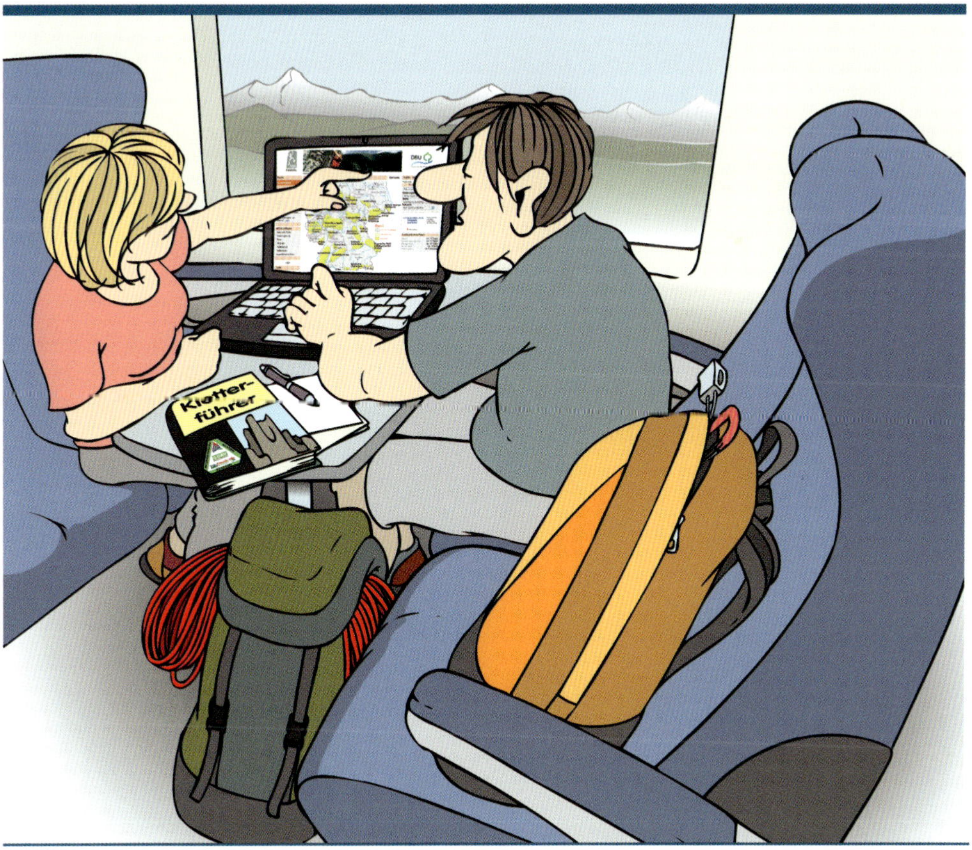

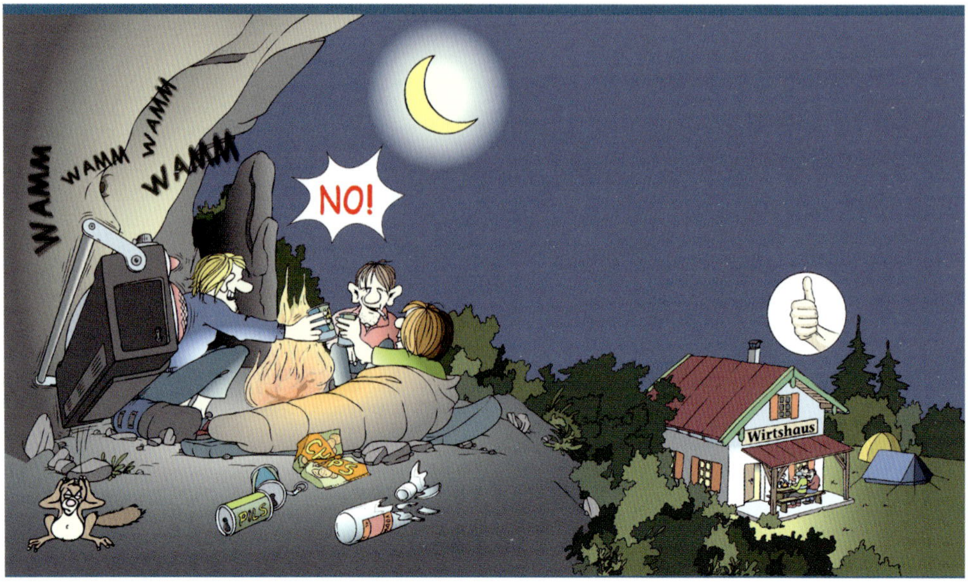

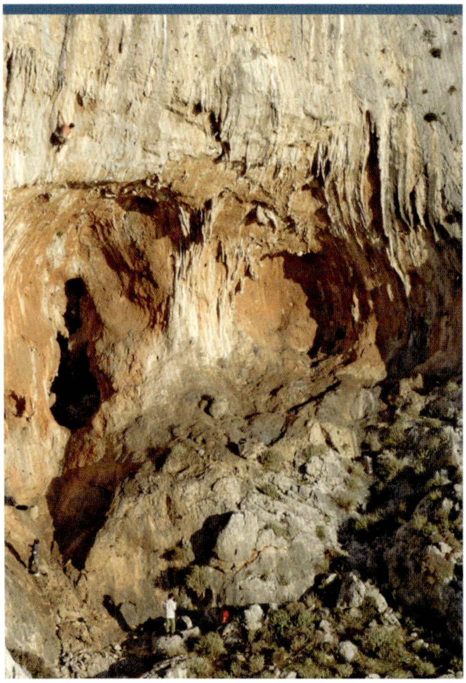

In Felshöhlen leben häufig Fledermäuse.

Übernachten

Wildes Campen ist generell nur mit Zustimmung der Grundeigentümer zulässig, in Schutzgebieten generell verboten. Feuerstellen, Müll und Fäkalien an häufig benutzten Stellplätzen sind ein hygienisches Problem und bieten keinen schönen Anblick. Nächtigen in unmittelbarer Nähe der Felsen stört darüber hinaus nachtaktive Tiere wie den Uhu. Besonders problematisch sind Feuer unter Überhängen oder in Höhlen. Ruß und Rauch zerstören den Lebensraum der dort lebenden Fledermäuse. Nutze Campingplätze oder Gasthäuser. Das kostet zwar ein paar Euro, dafür hast du aber sanitäre Anlagen zur Verfügung. Außerdem fließt dein Geld auf direktem Weg in die oftmals strukturschwachen Regionen. Die Akzeptanz von uns Kletterern wird durch eine gewisse Konsumorientierung allemal mehr verbessert, als wenn ein Haufen kletternder »Outlaws« die Umgebung verdreckt.

Aufenthalt im Gebiet

- Rücksicht auf Anwohner nehmen, Lärm vermeiden.
- Ausgewiesene Parkplätze benutzen.
- Rücksichtsvoll parken – keinesfalls Zufahrten zu Feldern oder Waldstücken blockieren.
- Keinen Müll hinterlassen, auch mal den Müll von anderen mitnehmen.
- Sofern möglich, Toilettenbenutzung.
- Informiere dich über die Kletterethik des Gebietes (z. B. Pfalz, Elbsandstein).
- Beachte regionale Besonderheiten. Ist Magnesianutzung gestattet?
- Fairplay auch am Fels: Freundlicher Umgang, Routen nicht mit Topropes blockieren.

Parken

Nutze »offizielle« Parkplätze, sofern sie ausgeschildert oder im Topoführer beschrieben sind. Leider kommt es immer wieder vor, dass Privatparkplätze, Einfahrten, landwirtschaftliche Wege oder Wiesen von Kletterern zugeparkt werden. Selbst wohlwollende Mitmenschen entwickeln Vorbehalte, wenn sie durch parkende Fahrzeuge daran gehindert werden, ihre Arbeit zu erledigen. Beachte, dass Traktoren mit Anhängern und andere landwirtschaftliche Maschinen deutlich mehr Durchfahrtsbreite und Rangierplatz benötigen als ein Pkw.

Lärmpegel

Vor Ort kann es zu Problemen mit Anwohnern oder anderen Erholungssuchenden kommen. Primär geht es dabei um Lärm. Es macht daher Sinn, große Gruppen zu vermeiden und den Lärmpegel in erträglichem Maß zu halten. Insbesondere solltest du nicht lauthals schimpfen oder fluchen, wenn eine Route nicht wie geplant gelingt.

Müll und Fäkalien

Dank gesteigerten Umweltbewusstseins findet man heutzutage immer weniger Müll an den Felsen. Diese positive Entwicklung sollte auch weiterhin kultiviert werden. Ein nicht selbstverständlicher, aber umso wertvollerer Beitrag zu dieser Kultur besteht darin, auch mal liegengebliebenen Müll anderer Leute mitzunehmen und zu entsorgen.

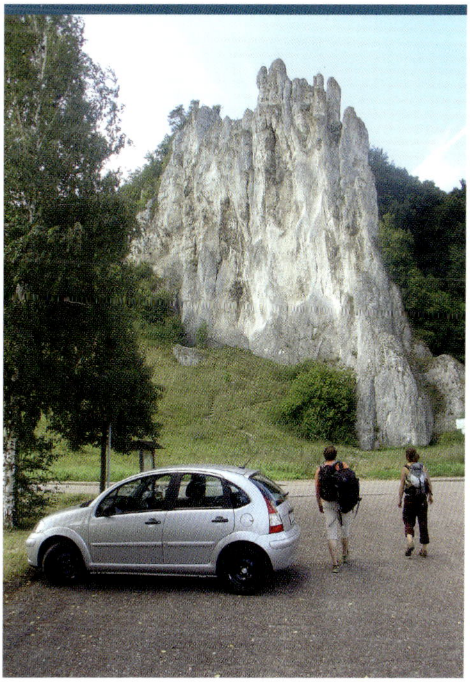

Wer Regeln beachtet, hat mehr Spaß am Klettern.

Dagegen ist Anreicherung mit Nährstoffen immer wieder sichtbar. Oft wird vor dem »entscheidenden« Versuch noch Urin abgelassen. Stickstoffzeiger wie Brennnesseln, Schöllkraut und Löwenzahn wuchern infolge der ständigen Düngung und verdrängen die ursprüngliche, an nährstoffarme Standorte angepasste Vegetation. Noch übler ist Urin unter überhängenden Felsen. Wo er nicht regelmäßig vom Regen weggespült wird, entwickelt sich ein höchst unangenehmer Geruch. Ähnlich ätzend sind in der Nähe von Felsen hinterlassene Fäkalien nebst offen herumliegendem Toilettenpapier.

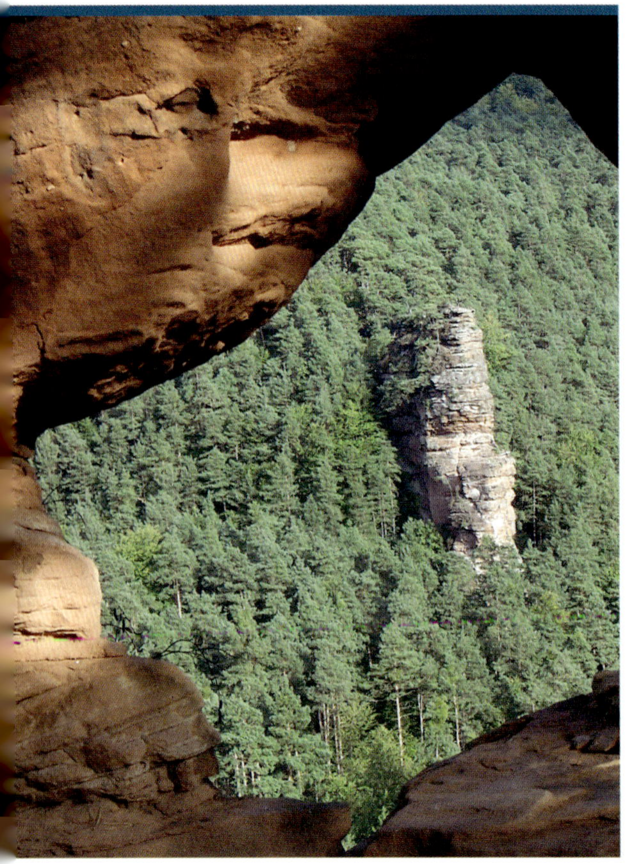

In der Pfalz soll Magnesia nur sparsam verwendet werden.

Kletterethik

Informiere dich über die Kletterethik und eventuell bestehende Besonderheiten des Gebiets. Ist Magnesianutzung gestattet? Auf dunklem Gestein sind angechalkte Griffe und Markierungen deutlich zu sehen. Diese Tatsache stellt zwar ein eher ästhetisches Problem dar, dennoch betrachten viele Nichtkletterer und auch etliche traditionell eingestellte Kletterer die weißen Flecken als Beeinträchtigung.

In manchen Klettergebieten wie dem Elbsandstein ist die Verwendung von Magnesia generell untersagt. Im Buntsandstein der Pfalz soll es nur in schwierigen Routen verwendet werden. Im Elbsandstein sind darüber hinaus Keile und Cams verboten. Wie anno dazumal sichert man die Routen dort mit »Knotenschlingen« ab.

Fairplay

Nicht nur den Traditionen, sondern auch den kletternden Mitmenschen gegenüber ist Fairplay angesagt. So ist es üblich, andere bereits am Fels anwesende Kletterer zu grüßen und miteinander zu kommunizieren. Wenn man sich untereinander abspricht, wer welche Routen klettern möchte, lässt sich oft eine für alle befriedigende Lösung finden. Es gehört außerdem zum guten Stil, Routen nicht mit unbenutzten Topropes zu blockieren oder stundenlang in ihnen herumzuhängen, wenn andere Kletterer die gleiche Route vorhaben. Leiste deinen Beitrag dazu, dass an den Felsen gute Stimmung herrscht – dass sie gleichsam eine Oase positiver »Vibes« bleiben können.

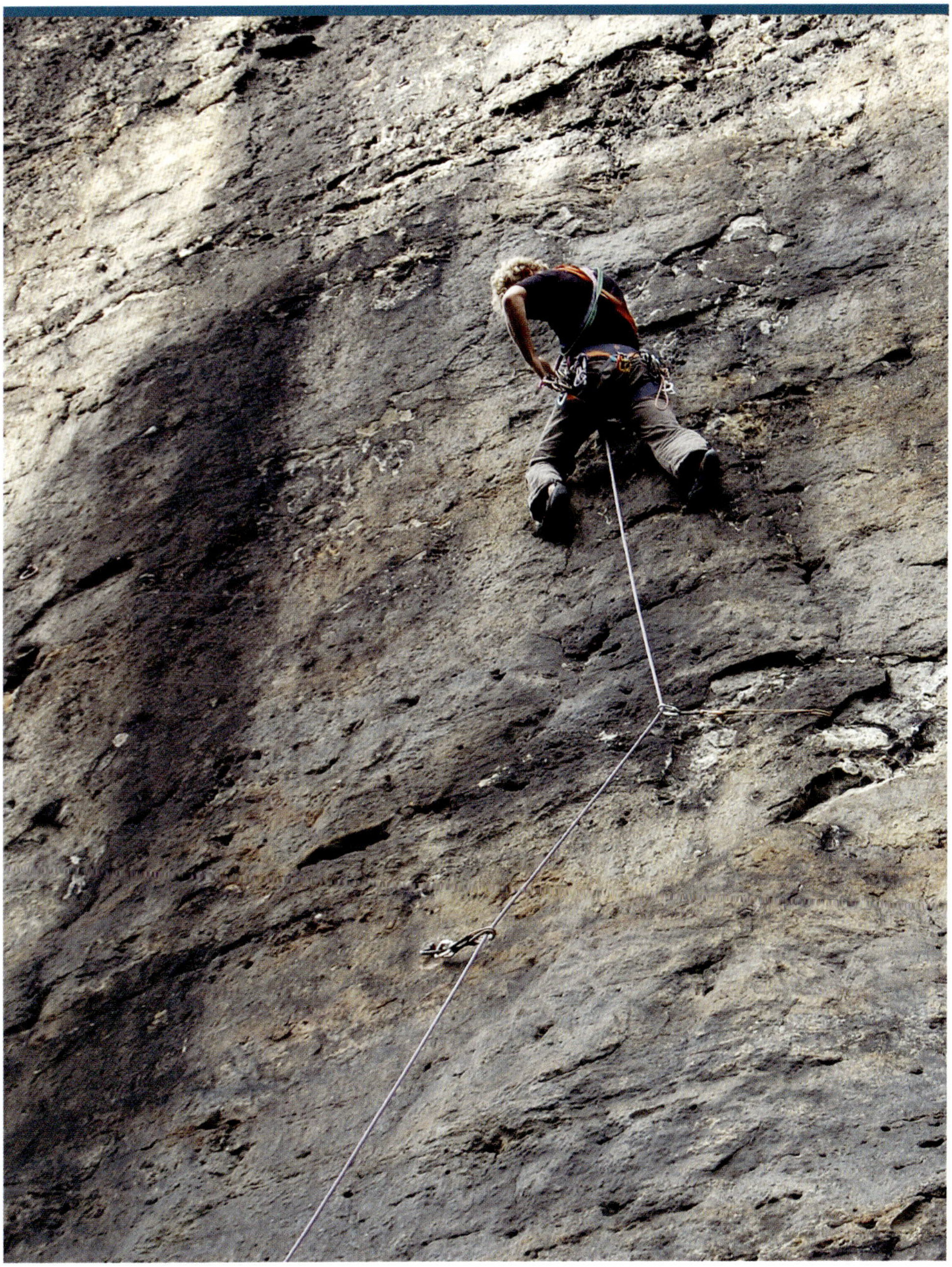

Im Elbsandstein sind neben den spärliche gesetzten Ringen nur Knotenschlingen erlaubt.

Geländebeurteilung

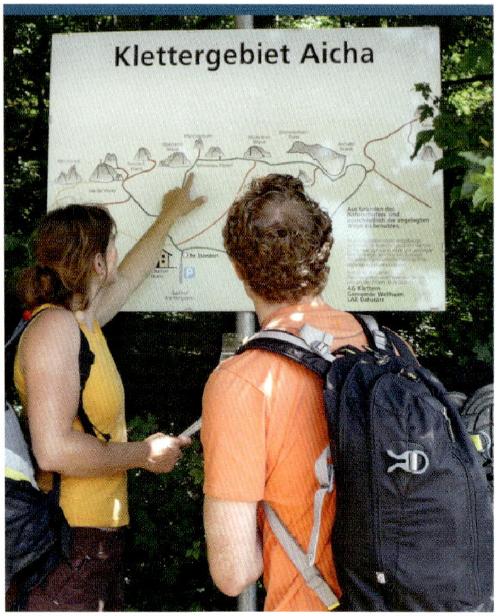

Manchmal finden sich vor Ort Tafeln mit eingezeichneten Zustiegen.

- Beachte die Beschilderung vor Ort. Oft ist der Zustiegsweg im Topoführer beschrieben.
- Vermeide Zustiege durch nicht begangene Wiesen oder Waldabschnitte – keine Abkürzer.
- Schätze die Steinschlaggefahr am Wandfuß ab.
- Finde die infrage kommenden Routen durch Vergleich von Topo und Felswand.

Bemühe dich, den richtigen Zustiegsweg zu finden. Das ist nicht immer ganz einfach – die Beschreibungen im Topoführer können ungenau oder fehlerhaft sein. Achte auf deutlich ausgetretene Pfade, sobald du von Forststraßen oder Wanderwegen abzweigst. Vermeide Zustiege durch ungemähte Wiesen oder weglose Waldabschnitte.

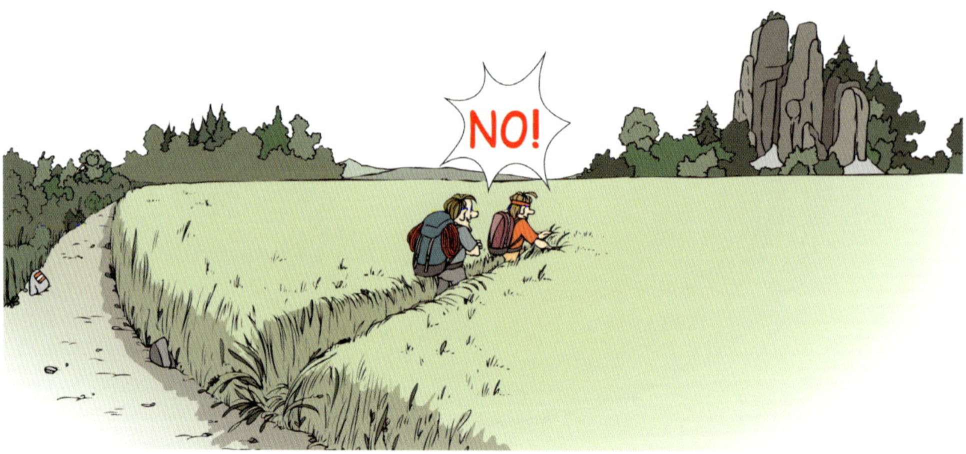

Das Begehen von landwirtschaftlichen Nutzflächen ist von März bis Oktober gesetzlich verboten.

Zunehmend finden sich in Kletterführern GPS-Positionsangaben. Auch sie sollten dich nicht dazu verleiten, querfeldein zu laufen. Sucht jeder Kletterer einen neuen Zustiegsweg, entsteht ein unansehnliches Netz kleiner Pfade. Bei steilerem Gelände entstehen auf diese Weise Ansatzpunkte für Erosion. Mit Bedacht angelegte und befestigte Zustiegswege hingegen minimieren die Trittbelastung und halten die Störung von Flora und Fauna gering.

Wandfuß

Der Wandfuß stellt einen klimatisch begünstigten Standort dar, an dem Kleintiere wie Insekten, Spinnen, Schnecken und Reptilien leben. Durch Unachtsamkeit oder Unwissen können diese ökologischen Nischen leicht zerstört werden. Am Wandfuß existieren in fast allen Klettergebieten Trittschäden. Wo viel geklettert wird, wächst im unmittelbaren Einstiegsbereich oft nichts mehr. Diese quasi unvermeidbare Tatsache darf aber nicht dazu verleiten, den Flurschaden unnötig auszuweiten. Deponiere dein Material insofern an einer vegetationsfreien Stelle und achte auf sorgsamen Umgang mit bewachsenen Bereichen – auch während der Kletterpausen.

Steinschlag

Wo Felsen sind, können Steine runterfallen. Schätze die Steinschlaggefahr bereits beim Erreichen des Wandfußes ab. Dass Steine

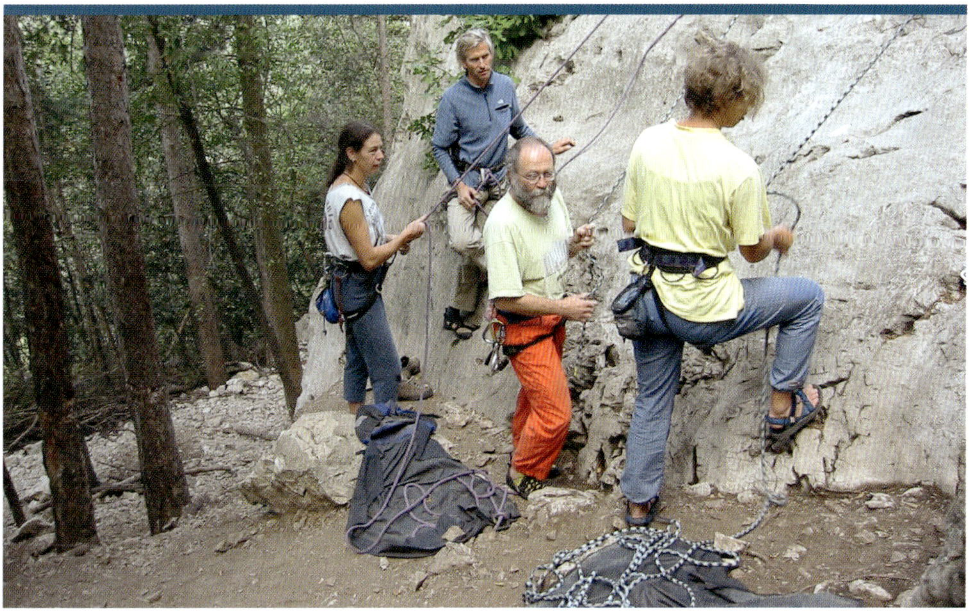

Im unmittelbaren Einstiegsbereich vielbesuchter Felsen wächst oft nichts mehr.

einfach so aus der Wand fallen, ist ziemlich unwahrscheinlich. Gefahrenpotenzial bieten Wanderwege oder Aussichtspunkte oben am Fels und natürlich Kletterer in Aktion. Halte dich nie ohne triftigen Grund in der Falllinie eines Kletterers auf und wähle für dein Materialdepot nicht nur einen vegetationsfreien, sondern auch einen steinschlagsichern Ort. Setze in Zweifelsfällen deinen Helm auf.

Route finden

Manche Felsen sind im Topoführer in mehrere Wandbereiche bzw. Sektoren eingeteilt. Vergleiche in diesem Fall die Skizze im Führer mit der realen Situation und finde heraus, in welchem Sektor du bist. Der nächste Schritt besteht darin, die Tour deiner Wahl zu lokalisieren.

Sofern die Routennamen am Fels angeschrieben sind, ist das kein Problem. Andernfalls kannst du die Routen von rechts oder links gemäß deinem Topo abzählen. Diese Methode setzt allerdings voraus, dass wirklich alle Routen im Topo gelistet sind. Was bei Weitem nicht immer der Fall ist!

Oftmals lässt sich die Situation klären, indem du die Höhen der einzelnen Umlenker mit der Darstellung im Topo vergleichst. Manchmal ist das Topo darüber hinaus auch präzise genug gezeichnet, um es mit der Felsform abzugleichen. Außerdem kannst du die Schwierigkeiten der Routen mit den Augen grob abschätzen und deine Schätzung mit den Graden im Topoführer abgleichen. Last, but not least besteht auch oft die Möglichkeit, andere anwesende Kletterer zu fragen.

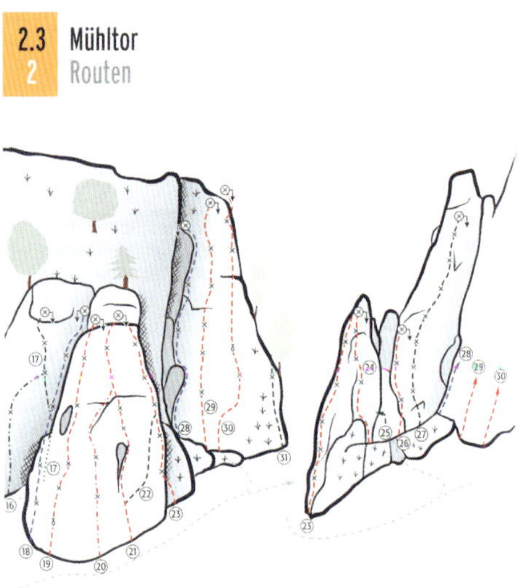

In manchen Topoführern stehen die Farben der Linien für eine bestimmte Schwierigkeit.

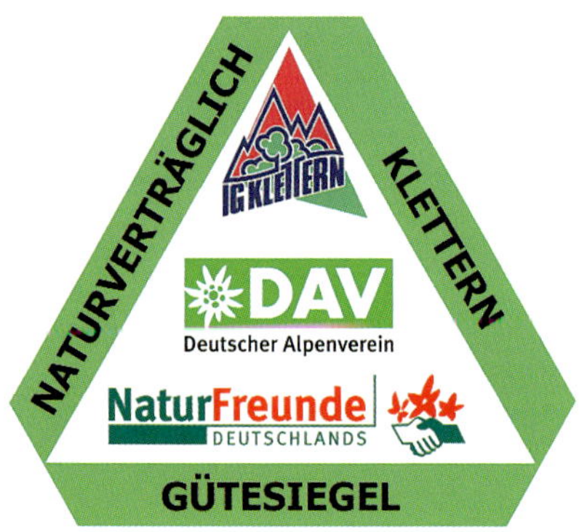

Gütesiegel für naturschutzfachlich geprüfte Kletterführer

Routenbeurteilung

- Schätze die Felsqualität im Bereich der Route ab. Prüfe außerdem die Sicherungssituation (Hakenabstände, Bodensturzgefahr, Absätze) der gewählten Route.
- Draußen besteht in der Regel keine Verkehrssicherungspflicht bezüglich der Qualität der Sicherungen. Du bist also eigenverantwortlich unterwegs. Erscheinen die Bohrhaken zeitgemäß und sicher?
- Existiert eine Umlenkung? Reicht das Seil beim Ablassen wieder bis zum Boden?
- Sind neben Exen weitere Sicherungsmittel erforderlich? Klemmkeile oder Cams können nötig sein. Auf derartige Routen soll im Rahmen des Kletterschein-Outdoor verzichtet werden.
- Entsprechen Felsqualität und Absicherung deinem Können und deiner Vorstiegsmoral?

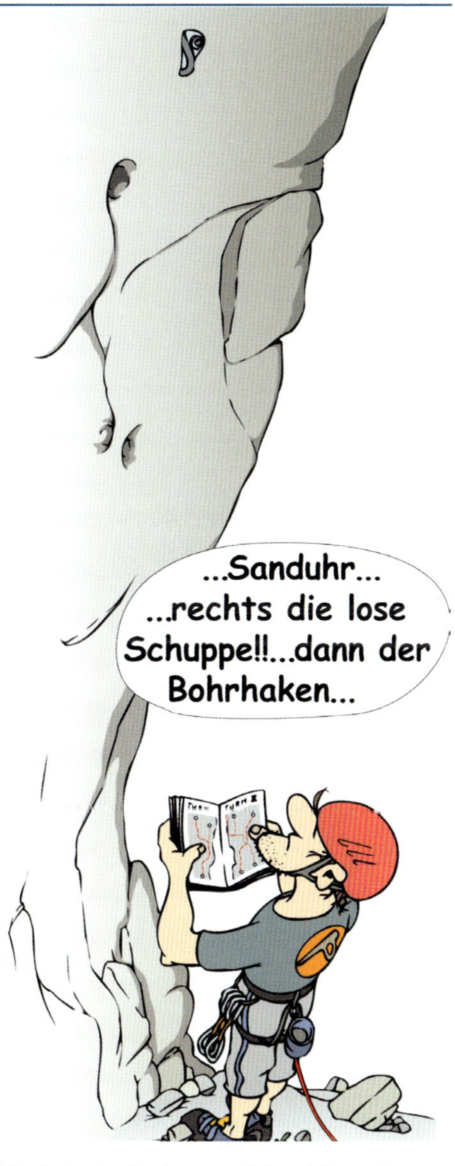

Sicherheitscheck. Kläre möglichst viele Punkte im Vorhinein.

Eigenverantwortlichkeit

Felsen sind kein gewartetes Sportgerät. Sofern Vereine oder Kommunen Klettergärten einrichten oder sanieren, übernehmen sie zwar eine gewisse Verantwortung im Sinne der Verkehrssicherungspflicht – das nutzt dir im Fall des Falles aber wenig. Erstens existiert nicht zwingend jemand, der eine derartige Verantwortung übernommen hat, und zweitens bist du es, der möglicherweise verletzt im Krankenhaus liegt. Stelle dich also darauf ein, dass du eigenverantwortlich agierst. Unterziehe jede Route einem Sicherheitscheck, bevor du einsteigst.

- Zum Sicherheitscheck gehören die folgenden Punkte:
- Ist die Route durchgehend mit Bohrhaken eingerichtet oder werden zusätzlich mobile Sicherungsmittel erwartet?
- Machen die Bohrhaken einen zeitgemäßen Eindruck?
- Entsprechen die Hakenabstände deinem Komfortbereich oder zumindest dem, was du dir zutraust?
- Sieht der Fels motivierend verlässlich aus oder ahnst du schon von unten, dass du dich mit brüchigem Gestein auseinandersetzen musst?
- Reicht dein Seil beim Ablassen wieder bis zum Boden (doppelte Routenlänge)? Falls das Seil zu kurz ist, siehe »Abbauen«, Seite 79.
- Existiert eine Umlenkung? Sie ist zwar heute Standard, aber trotzdem nicht zwingend vorhanden.

Sofern eine Umlenkung existiert, geht es um die Frage, ob sie Karabiner oder lediglich eine Öse enthält. Das kannst du von unten aus nicht immer erkennen. Umlenkkarabiner können darüber hinaus so stark korrodiert sein, dass sie sich nicht öffnen lassen.

Die Zeit geht auch an den Bohrhaken nicht spurlos vorüber. Besonders alte Haken mit Bohrkrone sind gefährdet. Du erkennst sie daran, dass die Lasche mit einer Sechskant- oder Inbusschraube befestigt ist. Bei den heute üblichen Expressankern ist die Lasche mittels Mutter an einer Gewindestange fixiert.

Alte Bohrhaken können zwar immer noch ausreichend stabil sein – müssen aber nicht. Es kommt immer wieder vor, dass ein alter Bohrhaken bricht. Deswegen ist auch hier ein kritischer Blick immer anzuraten.

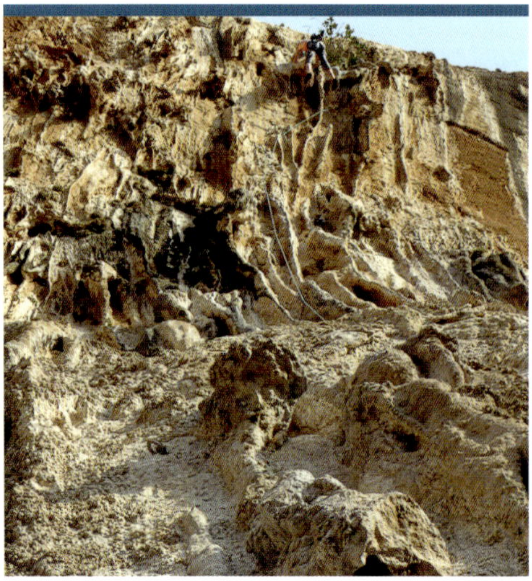

Topos sind gut. In der Realität lässt sich aber nicht alles vorab klären.

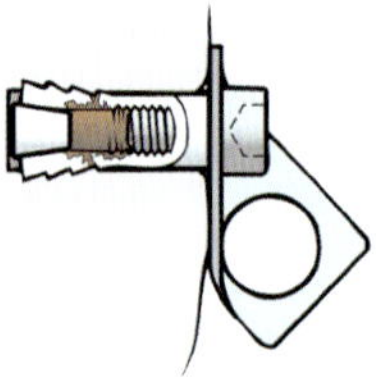

Bohrkronenhaken: Zwei unterschiedlich edle Metalle plus Feuchtigkeit bei schlechter Abdichtung fördern Korrosion (nicht von außen erkennbar).

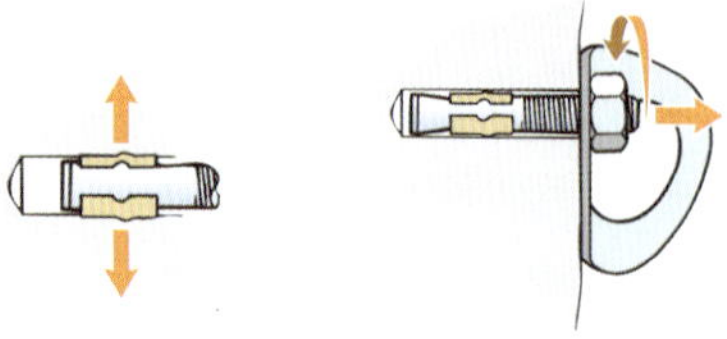

Expressanker

Ausrüstung für draußen

Um draußen zu klettern, benötigst du zusätzliche Ausrüstung. Da du die entsprechenden Gegenstände am Fels mit dabeihaben musst, passt dieses Kapitel nicht ganz in den chronologischen Ablauf. Lies es insofern im Sinne eines Checks, ob dein Material den Erfordernissen entspricht. Einige der folgenden Aspekte sind auch in dem Buch »Indoor-Klettern« (DAV 2023) enthalten.

Seil

Eine sinnvolle Länge für Einfachseile zum Sportklettern am Fels sind 60 oder 70 m. 80 m werden in manchen Gebieten gebraucht, informiere dich vorab über die Wandhöhe.

Durchmesser

Dünne Seile bieten einen Gewichtsvorteil – allerdings meistens auch einen schnelleren Mantelverschleiß und eine damit einhergehende geringere Lebensdauer. Dünne 9-mm-Einfachseile laufen geschmeidig über den Fels und durch die Exen, aber im Neuzustand genauso reibungsarm auch durch das Sicherungsgerät und durch die Bremshand. Es ist mehr Handkraft oder ein Gerät mit höherer Bremskraft erforderlich, um den Seildurchlauf zu kontrollieren. Achte außerdem darauf, mit welchen Seildurchmessern dein Sicherungsgerät kompatibel ist!

Informationen zur Beurteilung von Bohrhaken

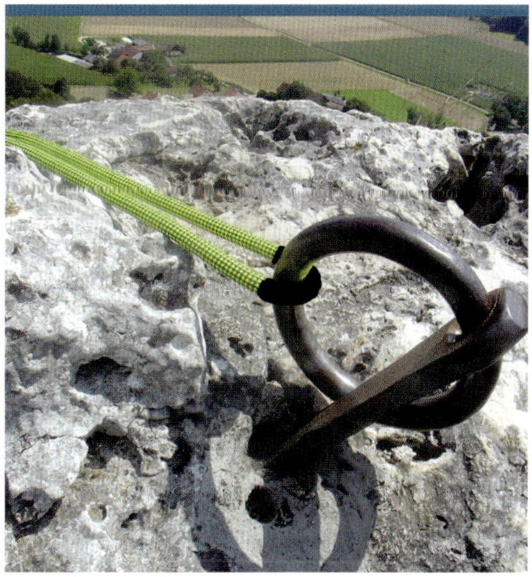

Seil beim Abseilen immer bis zur Mittelmarkierung fädeln.

Seilmitte

Es macht Sinn, die Seilmitte zu markieren. Viele Abseil- und Ablassunfälle hätten durch eine derartige Markierung vermieden werden können. Klebeband ist für diesen Zweck wenig sinnvoll. Das Tape ist nicht sehr haltbar und verrutscht. Mit den Tinten edding 3000, Retract 11 und Staedtler Lumocolor konnte in statischen Zugversuchen keine praxisrelevante Festigkeitsreduzierung festgestellt werden. Manche Hersteller bieten spezielle Seilmarkierungsstifte an.

Mantelverschiebung

Noch ein Tipp: Wenn du mit einem 60-m-Seil oft in einer circa 15 m hohen Halle geklettert bist, weist dein Seil im Bereich der Mitte meist einen aufgedunsenen, schwammigen Bereich auf. Der entsteht durch die ständige Walkarbeit beim Ablassen. Von beiden Seiten aus kommt es zu einer Mantelverschiebung in Richtung Seilmitte. Mit so einem Seil draußen zu sichern, kann mühsam sein. Etliche Sicherungsgeräte weigern sich vehement, solche schwammigen Bereiche durchzulassen. Am besten, du kaufst dir für draußen ein neues Seil. Das andere schneidest du in der Mitte durch und streifst beide Mäntel solange in Richtung der abgeschnittene Enden, bis sich der schwammige Bereich wieder korrekt anfühlt. Erhitze die Enden, bis Kern und Mantel miteinander verschmelzen. Du hast dann zwei brauchbare Hallenseile und eines für draußen.

Seilsack

Beim Hallenklettern ist ein Seilsack ein »Kann« – draußen ein »Muss«. Das hat gute Gründe. Mit Sack ist dein Seil jederzeit einsatzbereit, das lästige Aufnehmen entfällt. Der Sack schützt es vor Verschmutzung und erhöht somit die Lebensdauer. Schmutzpartikel im Seil haben

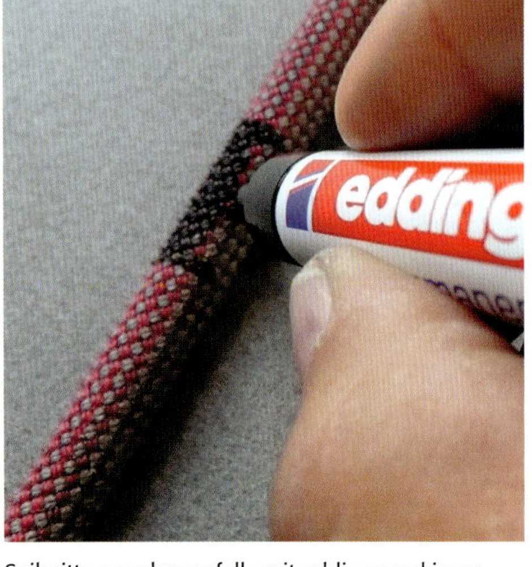

Seilmitte gegebenenfalls mit edding markieren

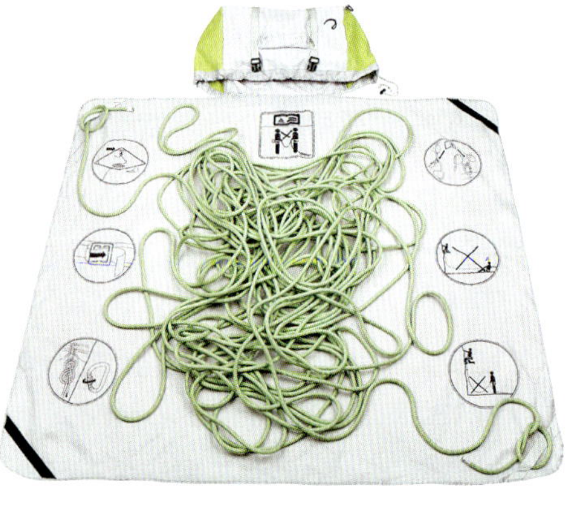

Seilsack mit großer Plane, beide Enden fixiert

nämlich die unangenehme Eigenschaft, im Gewebe zu scheuern und den Verschleiß erheblich zu beschleunigen.
Die Plane soll eher rau und nicht zu klein sein. Dein Seil bleibt dann auch bei etwas abschüssigem Boden noch auf der Plane liegen. Wasserdicht natürlich auch, dann drückt mögliche Bodenfeuchtigkeit nicht so rasch durch und das Seil bleibt trocken.

Enden fixieren

Knote immer beide Enden deines Seils an den dafür vorgesehenen Schlaufen fest. Das Nachsteiger-Ende ist damit automatisch gesichert (vgl. Partnercheck, Seite 46). Das Vorsteiger-Ende ist immer sofort verfügbar und kann auch nicht versehentlich eine Seilschlaufe erzeugen. Hattest du das Vorsteiger-Ende nicht gesichert, kann die genannte Seilschlaufe im Verlauf des Seilausgebens zu einem Knoten führen.

Gurt

Ein Klettergurt hat die Aufgabe, die durch den Sturzzug (und das Hängen im Seil) entstehenden Kräfte möglichst komfortabel auf den Körper zu übertragen. Grundsätzlich gilt dabei: je breiter die Auflage, desto günstiger die Kraftverteilung. Überbreite Gurte sind allerdings recht schwer und schränken zusätzlich die Bewegungsfreiheit ein. Den richtigen Kompromiss zwischen Bequemlichkeit und Bewegungsfreiheit muss jeder Kletterer gemäß seinen Ansprüchen selbst finden.

Hüftgurt

Es gibt verstellbare und nichtverstellbare Modelle. Verstellbare Gurte sind im Einsatz etwas variabler. Sie können begrenzt »wachsen« oder »schrumpfen«, sodass auch noch die Überhose unter den Gurt past. Will man sich auf das Sportklettern beschränken, bietet der

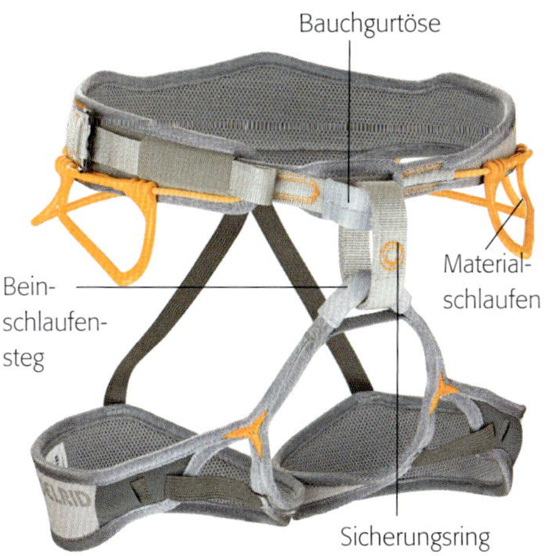

Hüftgurt

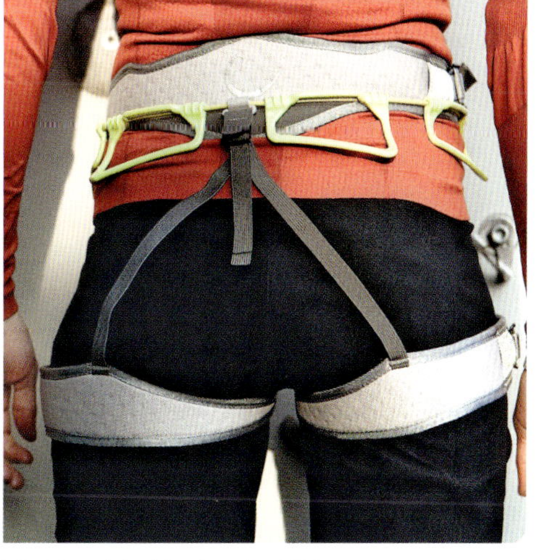

Die Materialschlaufen des Hüftgurts

unverstellbare Hüftgurt die leichtere und bedienungsfreundlichere Variante.

Gurtschnallen

Achte darauf, dass das Gurtband immer korrekt in die Verschlussschnallen eingefädelt ist. Bei Hüftgurten mit Verschlussschnallen an den Beinschlaufen ist darauf zu achten, dass diese auf der Außenseite der Oberschenkel zum Liegen kommen. Werden die Schnallen versehentlich auf die Innenseite verdreht und geschlossen, kann dies bei Belastung zu unangenehmen Druckstellen im Weichteilbereich führen.

Passform

Sind die Beinschlaufen zu groß, kann ein Sturz in ungünstigen Fällen zu beträchtlichen Verletzungen führen. Andererseits behindern zu enge Beinschlaufen den Blutkreislauf, die Beine »schlafen ein«, und man bekommt schneller kalte Füße. Faustregel: Zwischen Oberschenkel und Gurt sollte noch eine Hand passen – nicht viel mehr, aber auch nicht weniger.

Welcher Gurt?

Der Hüftgurt soll oberhalb der Beckenknochen sitzen und eng anliegen, damit man nicht aus dem Gurt rutschen kann. Für den Einsatz in künstlichen Kletteranlagen reichen zwei Materialschlaufen. Wer auch am Fels klettern möchte, ist mit drei bis vier Materialschlaufen besser bedient. Dies gilt insbesondere für alpine Mehrseillängenrouten.

Teste den Gurt, bevor du ihn kaufst. Entscheide dich für den Gurt, der nach acht- bis zehnminü-

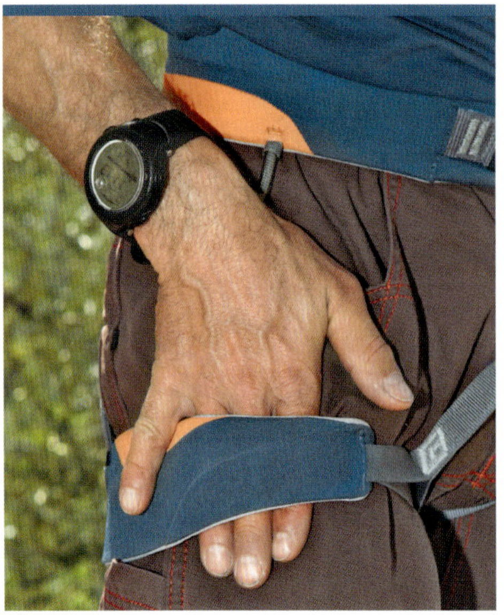

Beinschlaufen müssen passen.

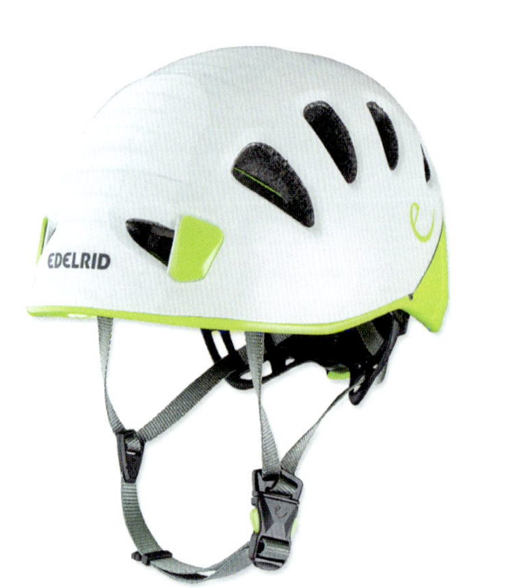

Inmolding-Helm

tigem Hängen am wenigsten bzw. gar nicht drückt.

Helm

Während in der Halle überwiegend ohne Helm geklettert wird, ist ein solcher draußen anzuraten. Am Naturfels kann Steinschlag nie ganz ausgeschlossen werden. Wie auch dein übriges Equipment unterliegen Helme der europäischen Norm (EN) für persönliche Schutzausrüstung (PSA) und müssen das entsprechende CE-Zeichen aufweisen.

Inmolding-Helme bestehen aus Styropor mit einer dünnen Schale. Sie bieten gute Energieaufnahme, sind leicht und komfortabel. Sie vertragen allerdings wenig mechanische Belastung. Setze dich also nicht auf deinen Rucksack, wenn sich ein Inmolding-Helm darin befindet. Helme klassischer Bauart mit harter Schale wiegen mehr, sind aber deutlich robuster.

Expressschlingen

Eine Expressschlinge bzw. Exe besteht aus zwei Karabinern und einer vernähten Polyamid- oder Dyneemaschlinge von 10 – 20 cm Länge. Ein Karabiner wird in den Haken eingehängt, der zweite Karabiner führt das Seil. Beim Felsklettern braucht man in der Regel mindestens 10 Expressschlingen, je nach Routenlänge und Absicherung auch mehr.

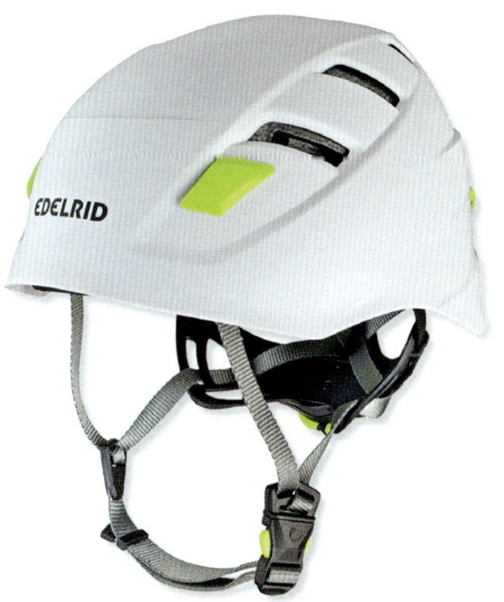

Hartschalen-Helm

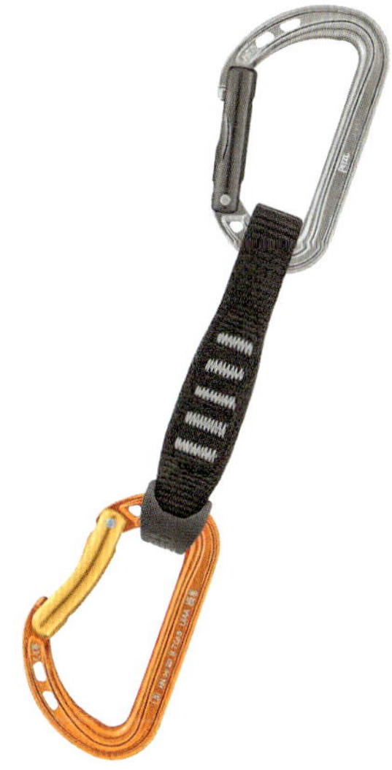

Expressschlinge mit Karabinern

Expressschlingen werden benutzt, weil sie die Reibung in der Sicherungskette im Vergleich zur Verwendung nur eines Karabiners deutlich reduzieren. Der seilführende Karabiner soll gegen Verdrehen gesichert sein (z. B. durch Gummi). Auf diese Weise werden gefährliche Querbelastungen und nerviges Gefummel während des Einhängens vermieden.

Es schont übrigens das Seil ganz erheblich, wenn man seine Exen so einhängt, dass immer der gleiche Karabiner im Haken geclippt ist. Haken verursachen im Karabiner nämlich kleine, scharfe Grate. Und diese Grate können das Seil beschädigen.

Gebogener Schnapper

Die Festigkeitswerte sind auf die Karabiner geprägt und liegen teilweise deutlich über der Normforderung.

Ist es also egal, welche Exen ich habe? Nein! Karabiner unterscheiden sich vor allem in ihren Formen und Konstruktionen, und das entscheidet über den jeweiligen Einsatzbereich. Gebogene Schnapper dienen dem leichteren Einhängen des Seils und befinden sich deshalb am unteren Ende einer Exe. Karabiner mit gebogenen Schnappern sollten nicht in die Haken eingehängt werden, da sie sich dort leichter aushängen können als jene mit geradem Schnapper. Sofern also eine Exe über einen Karabiner mit gebogenem Schnapper verfügt, gehört dieser an das freihängende Ende, in welches das Seil eingehängt wird.

Keylock

Wo der bewegliche Schnapper den Karabiner schließt, befindet sich bei alten, klassischen Karabinern die »Karabinernase«. Karabinernasen können sich beim Aushängen verhaken. Seit

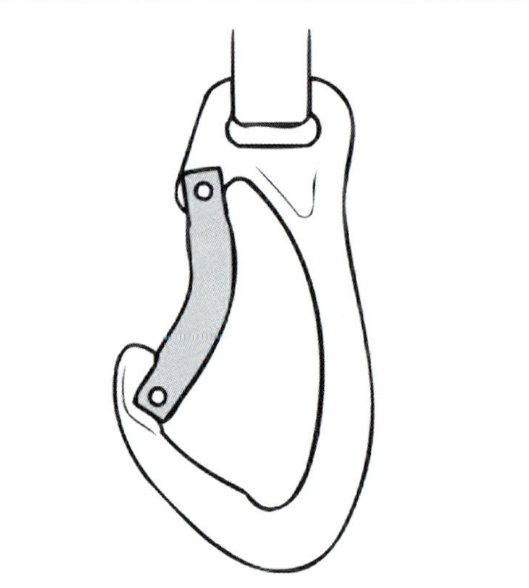

Gebogener Schnapper für das Seileinhängen

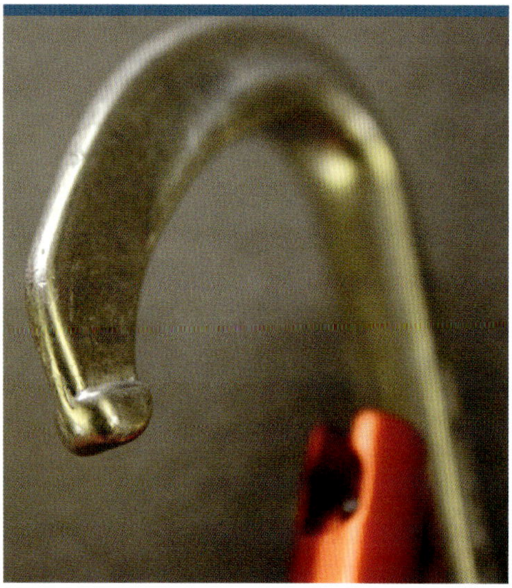

Keylock-System ohne störende Nase am Schnapper

der Einführung des »Keylock-Systems« gehört dieses Problem der Vergangenheit an. Zum Keylock haben sich weitere »nasenfreie« Systeme wie »Guitar«, »Magic-Lock« und andere gesellt – eine erfreuliche Entwicklung.

Wire-Gate

Als die ersten »Wire-Gate-Karabiner« auf den Markt kamen, ging ein Raunen durch die Kletterwelt. Diese dünnen Drahtkabelschnapper halten? Oh, ja, sie halten, sind leicht und haben auch noch den Vorteil, dass die gefürchteten »Schnapper-offen-Situationen« nicht so häufig sind wie bei gewöhnlichen Schnappern. Dies ist deshalb wichtig, weil Karabiner mit offenem Schnapper deutlich weniger stabil sind als mit geschlossenem. Es sind mehrere Karabinerbrüche bei offenem Schnapper dokumentiert. Um dieser Gefahr zu begegnen und noch etwas Reserven zu haben, sollte die Schnapper-offen-Festigkeit von Karabinern generell bei mindestens 8 kN oder höher liegen. Karabiner, die nur 7 kN erreichen, sind nicht zu empfehlen.

Wie soll eine Exe aussehen?

- Zwei Karabiner: der untere mit gebogenem, der obere mit geradem Schnapper.
- Die Karabiner unterscheiden sich nicht nur in ihrer Form, sondern auch in der Farbe. Verwechslungen zwischen haken- und seilführendem Karabiner sind auf diese Weise weniger wahrscheinlich.
- Der Karabiner mit dem gebogenen Schnapper (nur dieser) soll gegen Verdrehen und Querbelastung gesichert sein.
- Die Karabiner weisen Schnapper-offen-Werte ≥ 8 kN auf.
- Die Karabiner weisen Keylock oder verwandte Systeme auf.

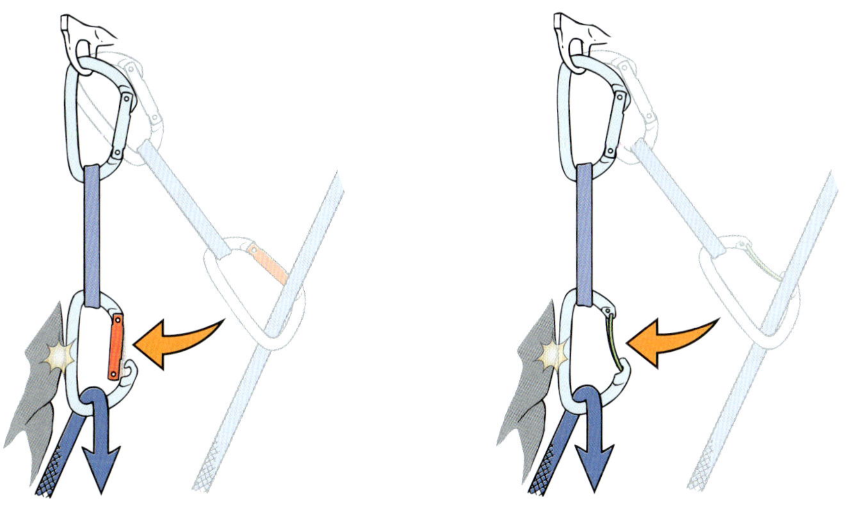

Wire-Gate-Schnapper können eine Offenbelastung durch eine kleinere Massenträgheit vermeiden.

Bandschlingen und Reepschnur

Vernähte Bandschlingen bestehen aus Polyamid, Mischgewebe oder reinem Polyethylen (Dyneema). Gemäß Norm müssen sie im Ring mit 22 kN belastbar sein. Du benötigst sie zur Selbstsicherung beim Abseilen und unter Umständen für Zwischensicherungen (Sanduhren-Fädeln, Haken-Verlängern).

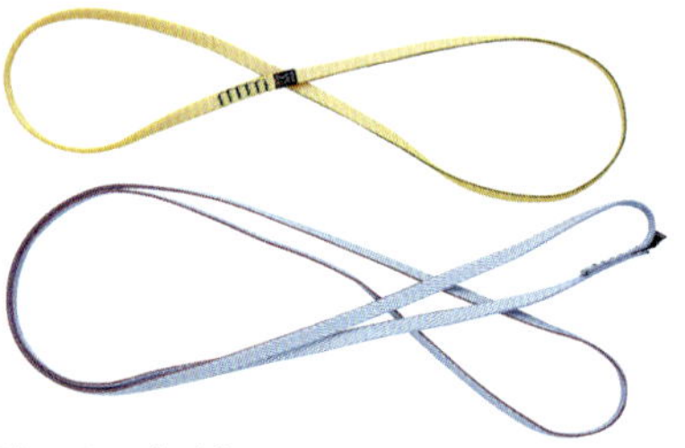

Vernähte Bandschlingen

Vernähte Bandschlingen gibt es in unterschiedlichen Längen. Standard sind 60 cm und 120 cm. 60 cm kann man sich gut über die Schulter legen, die 120-cm-Schlinge nimmt man doppelt über die Schulter.

Knotenfestigkeit

Wenn du eine Bandschlinge abknotest, musst du mit einem Festigkeitsverlust von bis zu 60 % rechnen. Sie mit Ankerstich an einem Drahtkabelkeil zu befestigen, reduziert ihre Festigkeit sogar noch mehr. Mechanische Beschädigung und UV-Einwirkung schwächen das Material ebenfalls. Gleiches gilt übrigens auch für Exen. Also Achtung vor altem, in der Wand belassenem Material.

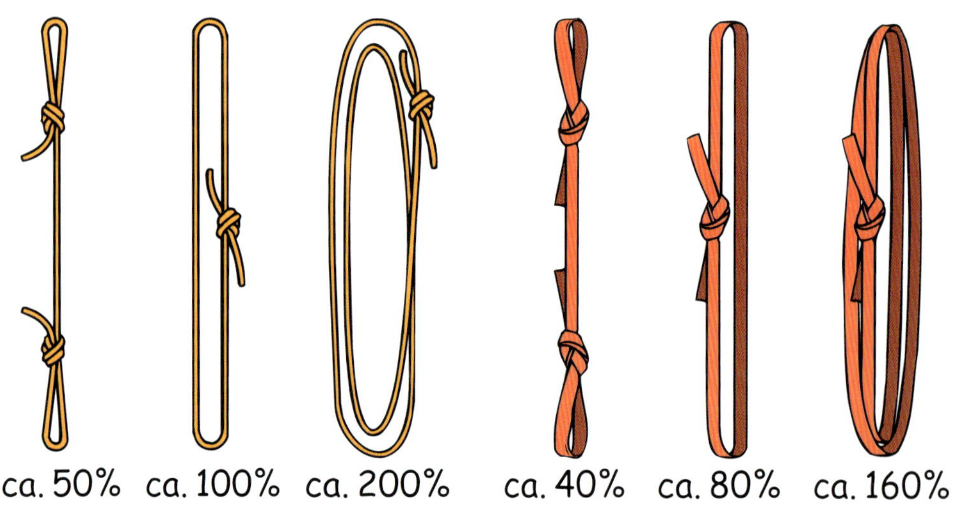

Knotenfestigkeit, Festigkeitswerte in % des Ausgangsmaterials

Prusikschlinge

Reepschnüre sind dünne Seile mit 3 – 8 mm Durchmesser. Sie werden beim Abseilen als Hintersicherung benötigt. Dafür eignen sich vor allem weiche Reepschnurmaterialien mit Prusikknoten. Alternativ können kurze (30 cm) vernähte weiche Bandschlingen (aus PE) mit FB-Kreuzklemmknoten verwendet werden.

Kevlar

Um Sanduhren mit schmalem Durchschlupf zu fädeln, kann ein Stück Kevlar-Reepschnur empfohlen werden. Das Material ist steif und eignet sich gut zum Fädeln. Außerdem ist es hoch stabil, sodass Schlingen mit 6 mm Durchmesser vollwertige Zwischensicherungen darstellen.

Verschlussgesicherte Karabiner

Verschlusskarabiner werden vor allem zum Sichern, gelegentlich auch zum Anseilen und Umlenken des Seils eingesetzt. Der Verschluss soll das unbeabsichtigte Aushängen des Seils aus dem Karabiner verhindern. Die Betonung liegt auf »soll«, denn mit keinem System auf dieser Welt erreicht man 100 Prozent Sicherheit.

Safebiner

Verschlusskarabiner werden mit gesicherten (»Safe-Lock-Karabiner« bzw. Safebiner) und ungesicherten Verschlusssystemen (Schrauber und »Twist-Lock-Karabiner«) angeboten. Die etwas aufwendigere Handhabung von Safelock-Karabinern bringt einen erheblichen Gewinn an Sicherheit.

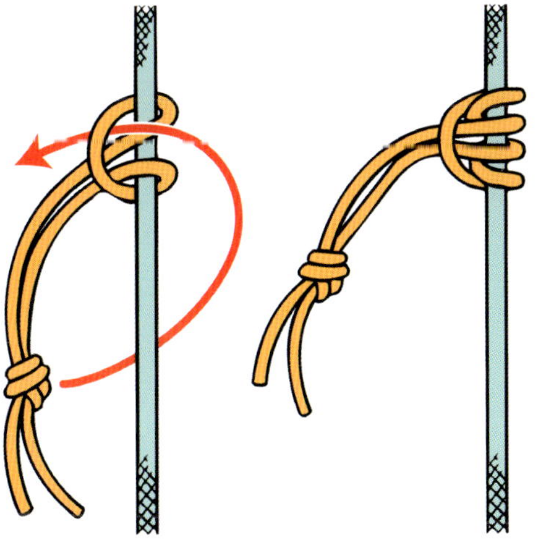

Kurzprusik: unten Sackstich, oben Prusikknoten

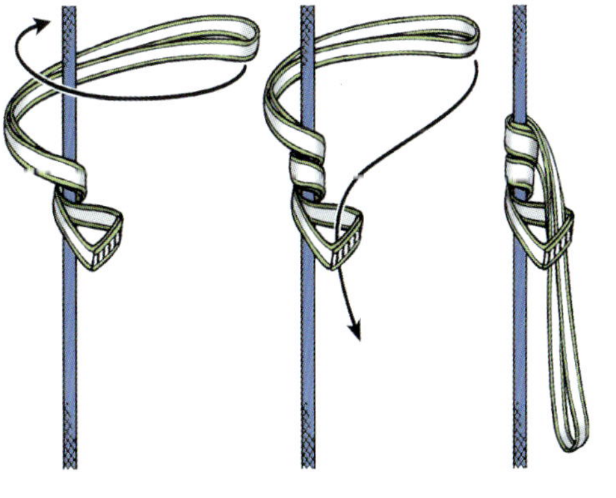

FB-Kreuzklemmknoten

Schrauber

Kontrollmarkierungen in Kontrastfarben zeigen an, ob der Karabiner zugeschraubt ist, und schaffen eine zusätzliche optische Kontrollhilfe. Achtung, auch verschlossene Schraubkarabiner bieten keine absolute Sicherheit. Es gibt Situationen, in denen das Seil, die Sicherungsschlaufe oder Vibrationen den verschlossenen Karabiner aufdrehen können.

Sicherungsgeräte

Es lassen sich zwei Typen von Sicherungsgeräten unterscheiden: zum einen dynamische Bremsen wie Halbmastwurfkarabiner (HMS) und Tubes, zum anderen die halbautomatischen Geräte wie GriGri und andere. Im ersten Fall wird die Handkraft durch die Bremskraft des Geräts verstärkt. Halbautomatische Sicherungsgeräte funktionieren hingegen wie Sicherheitsgurte im Auto: Sie blockieren automatisch – zumindest normalerweise. Seit 2015 empfiehlt der DAV Halbautomaten für die Sicherung beim Sportklettern in Kletterhallen und Klettergärten.

Heiße Bremse

Die Funktion aller Sicherungsgeräte beruht auf der Reibung zwischen Gerät und Seil. Wie viel Reibung entsteht, hängt von der Handkraft des Sichernden, der Oberflächenbeschaffenheit des Seils und dem Seildurchmesser ab. Ganz gleich, mit welchem Sicherungsgerät gesichert wird, beim Abbremsen eines Sturzes läuft immer etwas Seil durch das Gerät: bei den Halbautomaten meist sehr wenig, bei den dynamischen

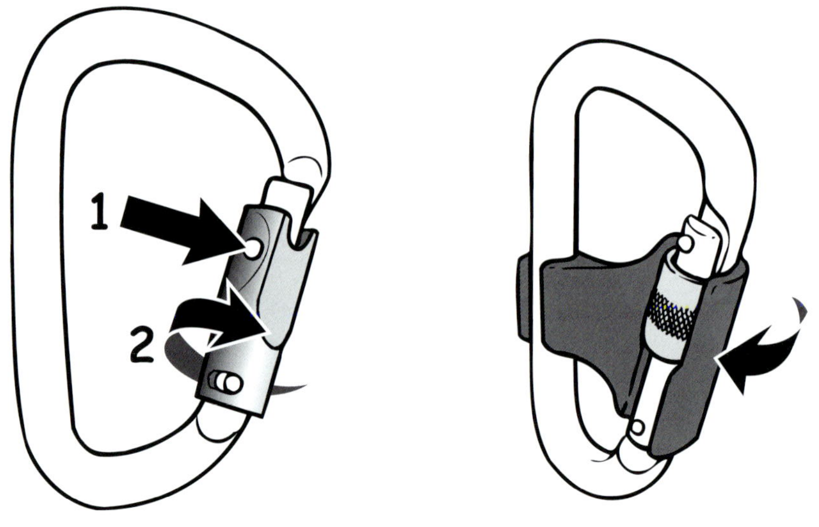

Safebiner: Ball-Lock, Belay-Master

Sicherungsgeräten – wie der Name schon sagt – je nach Situation mal mehr, mal weniger.

Jeder Kletterer sollte sich bewusst sein, dass mit zunehmendem Seildurchlauf die Gefahr besteht, sich die Finger zu verbrennen und in der Folge das Bremsseil loszulassen. Der Fallende stürzt dann nahezu ungebremst auf den Boden! Ein Bremshandschuh aus Leder kann hier Abhilfe schaffen, hat sich aber in der Klettergemeinde nicht durchgesetzt.

Da der aktuelle Trend in der Seilherstellung zu immer dünneren Seilen geht, ist verstärkt darauf zu achten, dass z.B. das neu gekaufte Seil und das alte Sicherungsgerät funktionell zusammenpassen! So braucht ein neues 9-mm-Einfachseil überdurchschnittlich viel Handkraft, um einen Sturz noch sicher halten zu können.

Dieses wie einige andere Beispiele deuten einen Trend an, der sich zukünftig noch verstärken könnte: Unfälle gehen seltener auf Materialversagen zurück, sondern immer öfter auf Fehlbedienungen. Vor allem bei den halbautomatischen Sicherungsgeraten wird dem Anwender eine Sicherheit suggeriert, die sich oft durch schlampige oder fahrlässige Bedienung ins Gegenteil verkehrt.

Halbmastwurfsicherung

Der HMS-Karabiner ist das einfachste Sicherungsgerät. Es besteht aus einem birnenförmigen verschlussgesicherten Karabiner. Die unterschiedlichen Verschlusskarabiner sind nicht gleichermaßen als HMS-Karabiner geeignet.

- Gut: selbst verriegelnd und gesichert (Ball Lock)
- Gut: nicht selbst verriegelnd und gesichert (Belay Master)
- Brauchbar: Schrauber, Magnetron
- Unbrauchbar: Twist Lock

Der HMS-Karabiner wird so im Sicherungsring eingehängt, dass sich der Schnapper gegenüber der Bremshand befindet. Der Halbmastwurf wird »in Linie« eingelegt. »In Linie« bedeutet, dass das Bremsseil beim Seilausgeben von unten in den Karabiner einläuft (vgl. Seite 58). Wer noch einen klassischen Twist-Lock-HMS in Verwendung hat, sollte ihn nicht weiter verwenden. Der Weg bis zum Öffnen des Karabiners ist extrem kurz! Das Seil verhängt sich, eine Viertelumdrehung reicht schon und der Verschluss ist offen!

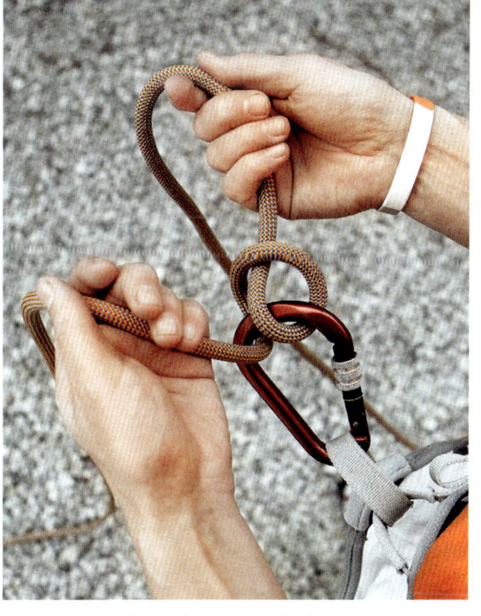

Beide Handteller schauen nach oben. Karabiner verschließen!

Tube-Sicherung

Bei korrekter Bedienung bremsen Tubes ausreichend und führen zu wenig Seilverschleiß. Außerdem ist das Prinzip einfach zu verstehen. Wer mit Tube sichern möchte, sollte vor allem in Kombination mit neuen, dünnen Seilen darauf achten, ein gut bremsendes Modell zu erwerben. Geräte wie das ATC-XP oder das Reverso 3 mit V-förmig ausgeführten Bremsseilschlitzen haben sich bewährt. Personen mit geringer Handkraft, die deutlich schwerere Partner sichern wollen, können mit den Tubes vor allem bei dünnen Seilen an ihre Grenzen kommen, vgl. Halbautomat, Seite 58.

Halbautomatische Sicherungsgeräte

Halbautomatische Sicherungsgeräte bieten einen Sicherheitsvorteil gegenüber dynamischen Sicherungsgeräten.

Aufgrund ihrer Blockierunterstützung erhöhen sie die Chance, dass trotz Sicherungsfehler ein Bodensturz verhindert wird. Aber auch halbautomatische Sicherungsgeräte können erstaunlich leicht fehlbedient werden, wie Tests und Beobachtungen der DAV Sicherheitsforschung gezeigt haben. Der Grat zwischen akzeptabler und inakzeptabler Bedienung ist dabei zum Teil sehr schmal. Die meisten Fehlbedienungen haben ihre Ursache in einem gut nachvollziehbaren Umstand: Jeder Kletterer neigt dazu, die Handhabung seines Geräts so zu optimieren, dass man das Seil schnell ausgeben kann. Kein Wunder, ist doch das Seilausgeben eine Aktion, die im Kletteralltag sehr oft vorkommt. Allerdings kollidiert bequemes und schnelles Seilausgeben zwangsläufig damit, die Blockierfunktion für diese Zeit auszuschalten oder zumindest einzuschränken.

Beim Sichern mit Halbautomaten ist zu beachten, dass Seildurchmesser und Sicherungsgerät zusammenpassen. Gerade mit sehr dünnen Einfachseilen im Bereich um 9 mm Seilstärke ist die korrekte Funktion mancher Geräte nicht mehr gewährleistet. Hier gilt es, die Empfehlung der Hersteller genau zu beachten.

Mobile Sicherungen

Klemmkeile und Klemmgeräte (Cam) werden im Rahmen des Kletterscheins nicht behandelt. Demgemäß tauchen sie erst unter »Weiterführende Sicherungstechniken« ab Seite 89 auf. Vorab nur so viel: Es ist durchaus sinnvoll, einige Keile oder Cams am Fels mit dabeizuhaben und sie im Bedarfsfall legen zu können. Viele Sektionen und Bergschulen bieten Kurse zu diesem Thema an.

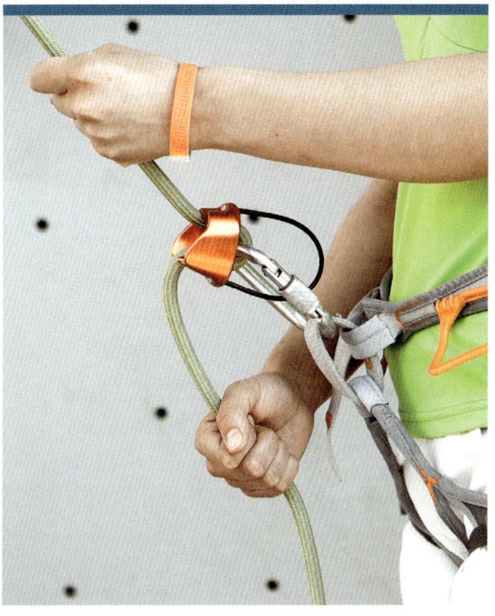

Die Position der Bremshand bei Tubes (Rechtshänder)

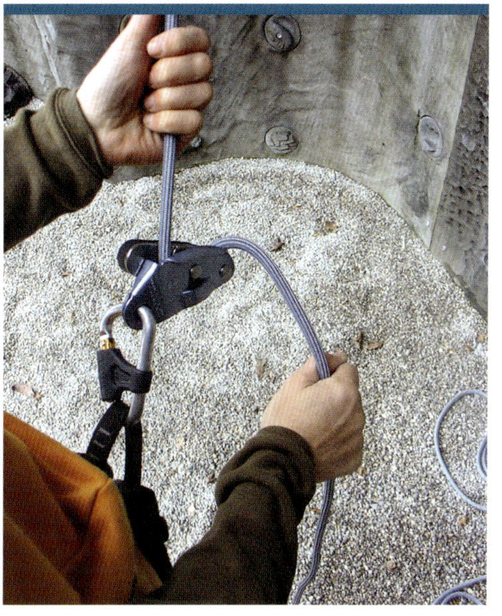

Grundhaltung GriGri

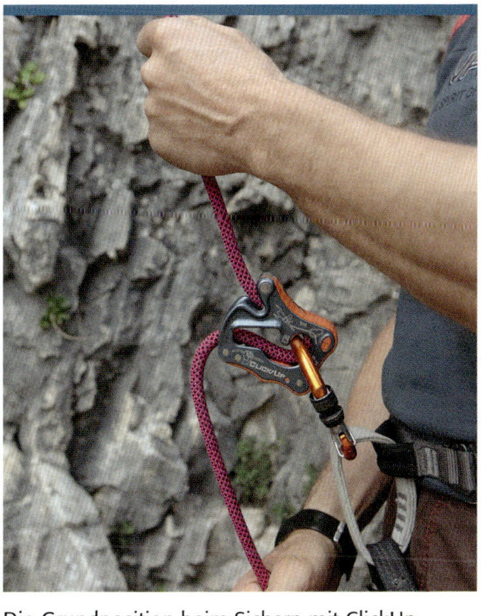

Die Grundposition beim Sichern mit ClickUp. Hand am Bremsseil

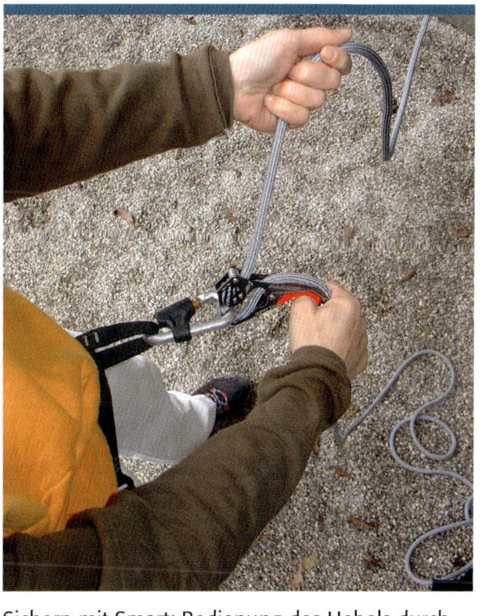

Sichern mit Smart: Bedienung des Hebels durch die Daumenfalte

Partnercheck, Kommunikation

Gerade routinierte Kletterer, für die es vollkommen normal ist, sich anzuseilen und der Sicherungskette zu vertrauen, laufen Gefahr, Leichtsinnsfehler zu machen. Beim Knotenmachen abgelenkt werden oder einen Karabiner nicht verschließen – alles schon da gewesen. Das standardisierte gegenseitige Checken vor dem Start bietet ein eindeutiges Plus an Sicherheit.

Partnercheck Indoor

- Gurtverschlüsse korrekt verschlossen
- Anseilknoten und Anseilpunkt
- Karabiner und Sicherungsgerät richtig eingehängt
- Seilende abgeknotet

Dem Seilende kommt draußen besondere Bedeutung zu. Bei vielen Routen weiß man vorab nicht sicher, ob das Seil wieder bis zum Boden reicht. So sind schwere Unfälle möglich: Das Ende des zu kurzen Seils flutscht beim Ablassen durch die Sicherung, und der Abzulassende fällt auf den Boden. Fixiere daher wie bereits erläutert immer beide Enden an deinem Seilsack.

Zusätzliche Inhalte: Partnercheck Outdoor

- Mindestens eine Exe für jeden Haken und zusätzlich zwei Stück für die Umlenkung
- Ggf. Extrakarabiner und Bandschlingen zum Fädeln oder für zusätzliche Sicherungen
- Helm für Kletterer und Sicherer (generelle Empfehlung). Oft kann Steinschlag nicht völlig ausgeschlossen werden. Im Sturzfall besteht die Gefahr, dass der Kletterer mit dem Kopf anschlägt oder mit seinem Partner kollidiert.
- Wer sich entscheidet, im Klettergarten ohne Helm zu klettern, soll die genannten Punkte ausschließen können.

Wenn du Kletterer in schweren Routen beobachtest, wirst du feststellen, dass sie selten einen Helm tragen. Nimm dies nicht als Vorbild. Überhängende Routen reduzieren die Steinschlaggefahr für den Sichernden deutlich. Alles, was von oben kommt, kann nur in entsprechender Distanz zur Wand einschlagen. Außerdem verfügen gute Kletterer über eine korrekte und automatisierte Sturztechnik. Somit ist auch

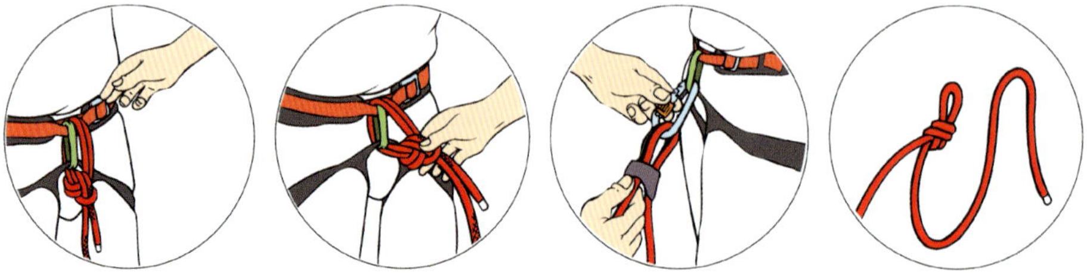

die Gefahr eines unkontrollierten Anpralls an der Wand weitaus geringer. In der Summe stellt sich die Situation also anders dar als beim Vorsteigen leichter Routen. Es geht um deinen Kopf – triff deine Helm-Entscheidung unabhängig vom Verhalten anderer Kletterer. Unterscheide auch Vorstieg und Toprope. Beim Toprope kann sich der Sichernde meist außerhalb der möglichen Steinschlagzone positionieren und beim Kletternden geht es primär um die mögliche Gefahr des Pendelns. Die wichtigsten Argumente pro Helm können also wegfallen.

Kommunikation und Kommandos

- Sprich alle relevanten Fragen mit deinem Sicherungspartner ab – möglichst bevor du einsteigst.
- Wie in der Halle gelten auch draußen die Kommandos »Seil«, »Zu« und »Ab«.
- Das zusätzlich beim Abseilen verwendete Kommando »Stand« darf nur benutzt werden, wenn der Kletterer aus der Sicherung genommen werden soll.

Je nachdem wie viele Kletterer sich am Felsen tummeln, kann es auch draußen Sinn machen, die Kommandos »Seil«, »Zu« und »Ab« mit dem Namen deines Partners zu kombinieren.
Was dir als Hallenkletterer möglicherweise nicht bewusst ist: Hört ein Alpinist das Kommando »Stand«, nimmt er seinen Partner ohne weitere Rücksprache aus der Sicherung. Bei Mehrseillängen-Routen ist der Wechsel des gegenseitigen Sicherns ein Standardablauf mit klarer Kommandosequenz. Es ist daher außerordentlich wichtig, das Kommando »Stand« nur zu benutzen, wenn man wirklich aus der Sicherung genommen werden möchte. Im Klettergarten ist das praktisch nur dann der Fall, wenn man nicht abgelassen werden möchte, sondern abseilen will.

Sicherheitsrelevante Fragen gemeinsam zu klären hat zwei Vorteile. Ähnlich wie beim Partnercheck sehen vier Augen mehr als zwei. Wenn ihr Dinge wie die Materialauswahl und die Position des Sichernden, die Absicherung und die Gesteinsqualität gemeinsam durchgeht, entstehen weniger Fehleinschätzungen, als wenn du alles mit dir selbst ausmachst. Vorteil Nummer zwei ist, dass dein Partner deine Gedanken und Strategien kennt. Zwischen euch wird es so weniger leicht zu Missverständnissen kommen – zum Beispiel bezüglich der Frage des Abbauens.

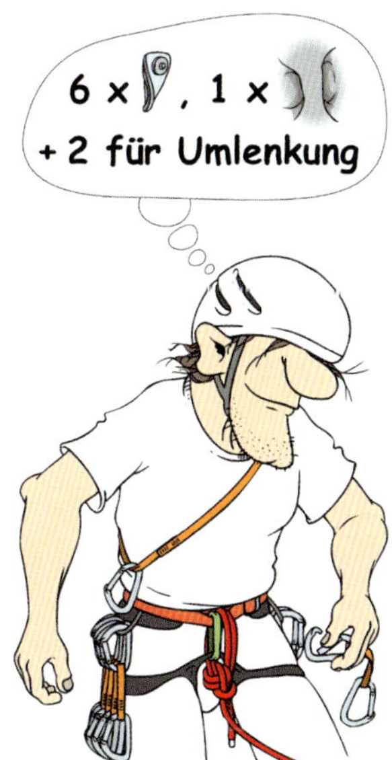

Zusätzlicher Check: Material und Helmfrage

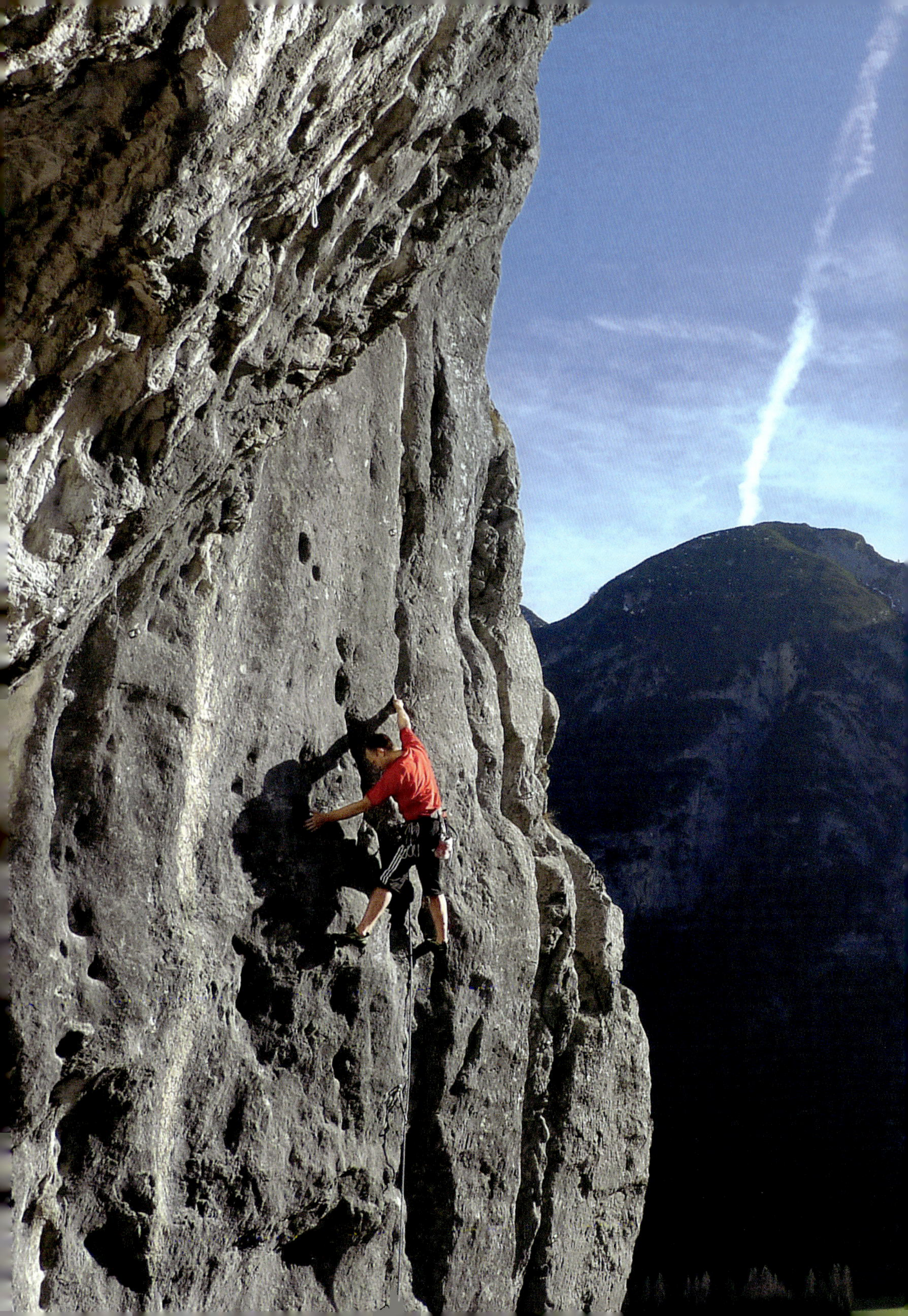

Draußen sichern

In der Regel benötigst du wie in der Halle keine Selbstsicherung, um deinen Partner vom Boden aus zu sichern. Draußen ist der Boden aber nicht immer eben und wegen der größeren möglichen Sturzweiten spielt auch das (unterschiedliche) Gewicht von Kletterer und Sicherer eine große Rolle.

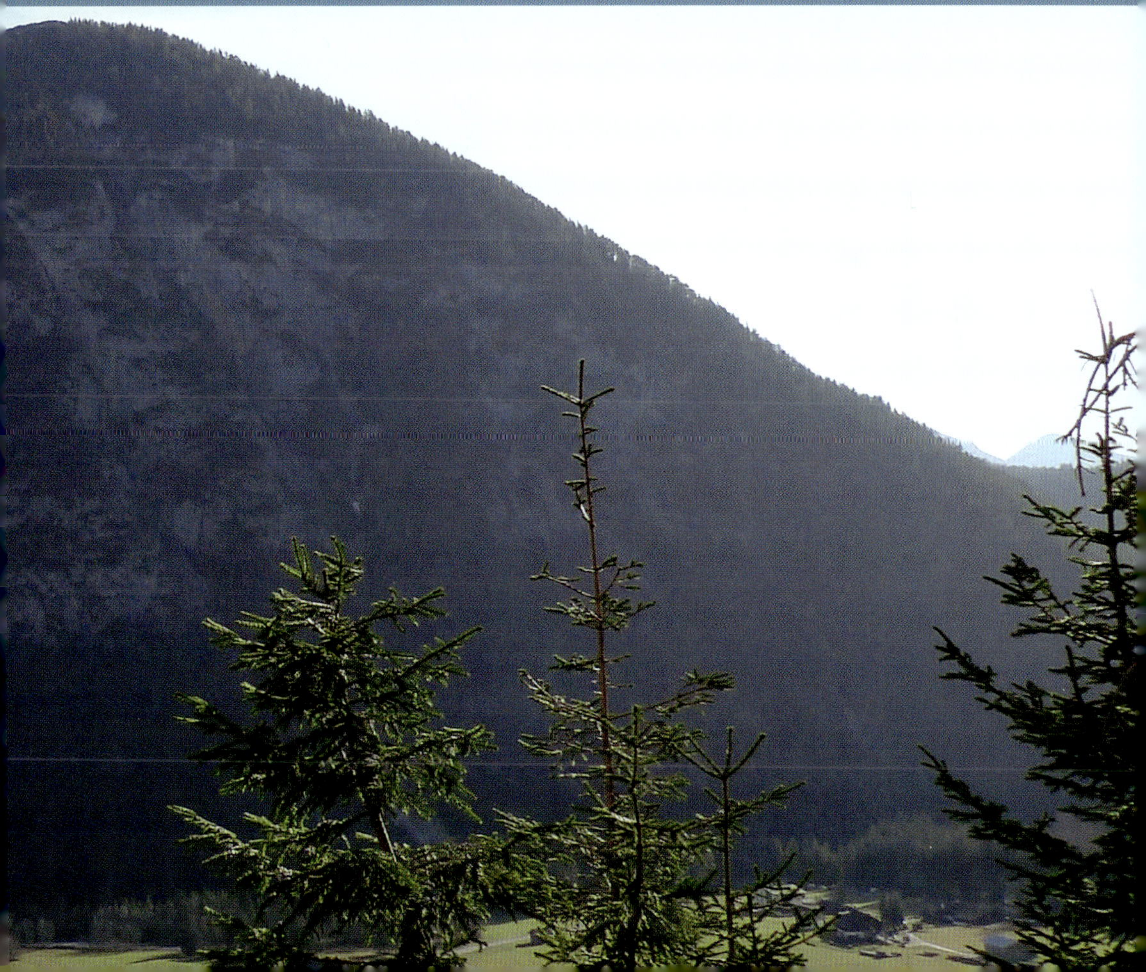

Standort und Selbstsicherung

- Wähle eine möglichst ebene Fläche zum Sichern.
- Baue eine Selbstsicherung an der Wand (Länge mindestens 1,5 m), wenn das Gelände stolper- oder absturzgefährdet ist.

Standort

Die optimale Position für den Sichernden ist ca. einen Schritt seitlich und einen Schritt zurück vom Lot der ersten Zwischensicherung. Dabei solltest du je nach Route oder Bewegungsrichtung des Kletternden deinen Standpunkt verändern. Achte möglichst darauf, dich nicht in der Sturzlinie bzw. in der Steinschlaglinie des Kletternden aufzuhalten. Vorsicht bei Dächern und Felsvorsprüngen im bodennahen Bereich: Wird man als Sichernder bei einem Sturz des Kletternden nach oben gezogen, besteht die Gefahr sich daran den Kopf anzuschlagen.

Selbstsicherung bei abschüssigem Standort

Bedenke, was deinem vorsteigenden Partner widerfährt, wenn du beim Sichern stolperst und dabei das Seil belastest. Kein Spaß für ihn! Ist dein Sicherungsplatz abschüssig oder sogar absturzgefährdet, befindet sich relativ oft ein Sicherungshaken im Bereich des Einstiegs. Daran kannst du dich mit Bandschlingen geeigneter Länge oder mit dem freien Ende des Kletterseils fixieren. Die so entstandene Selbstsicherung soll mindestens 1,5 m Länge aufweisen. Sie soll sich nicht spannen, wenn du beim Halten eines Sturzes nach oben gezogen wirst.

Sofern ein verlässlicher Standhaken am Beginn der Route existiert, kannst du alternativ direkt über diesen Fixpunkt sichern. Ein Sturz wird dabei aber sehr hart gehalten. Die einzige Möglichkeit, die Härte aufzuweichen, besteht in dosiertem, bremsendem Seil-Eingeben ins Bremsgerät.

Dummyrunner

Sofern dein Sicherungspunkt auch als erste Sicherung für deinen Partner geeignet ist, hängst du eine Exe als »Dummyrunner« mit hinein. Im Falle eines Sturzes vor dem ersten Haken, verhinderst du damit, dass der Kletterer direkt in deinen Gurt stürzt. Sobald dein Partner die nächste oder übernächste Zwischensicherung geclippt hat, entfernst du den Dummy wieder. Entfernst du diesen nicht, wirst du im Sturzfall nicht nach oben, sondern direkt auf deinem Sicherungspunkt zu gezogen. Du hast auch nur die halbe Hochziehstrecke zu Verfügung und in der Summe ein deutlich erhöhtes Risiko, gegen den Fels zu prallen.

Sturzweite bei Clip-Sturz

Eventuell hast du im Rahmen des Indoor-Kletterscheins eine Demonstration der Sturzweite

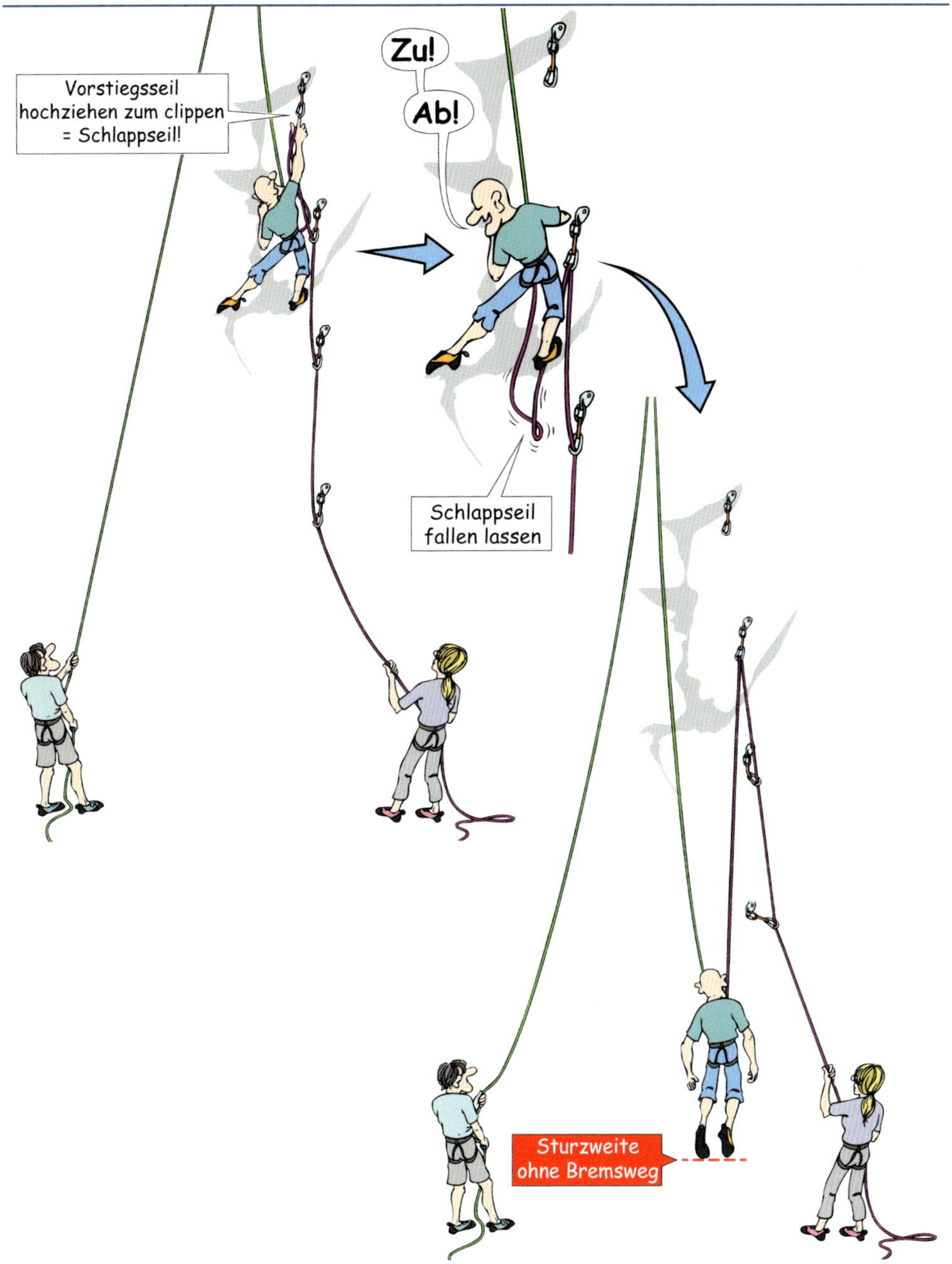

Demonstration der Sturzweite

bei einem Clip-Sturz erlebt. Zu diesem Zweck wird der Kletterer sowohl im Toprope als auch im Vorstieg gesichert. Er zieht das Vorstieg-Seil hoch, um beispielsweise den vierten Haken zu clippen, clippt aber nicht. Der Vorstieg-Sicherer nimmt das Seil nicht mehr ein. Der Kletternde setzt sich ins Toprope-Seil und wird abgelassen, bis sich das Vorstieg-Seil spannt und er an diesem hängt.

Die Höhe, auf welcher er landet, ist für viele Betrachter überraschend weit unten – obwohl bei der so ermittelten Sturzweite noch der Bremsweg von 1–2 m fehlt.

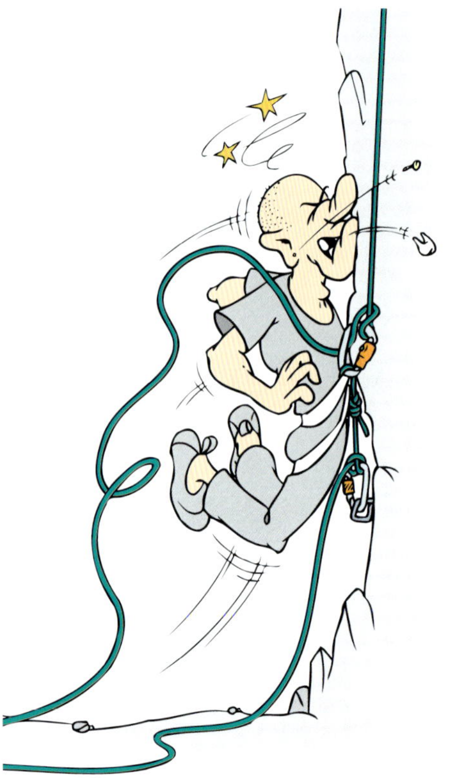

So nicht!

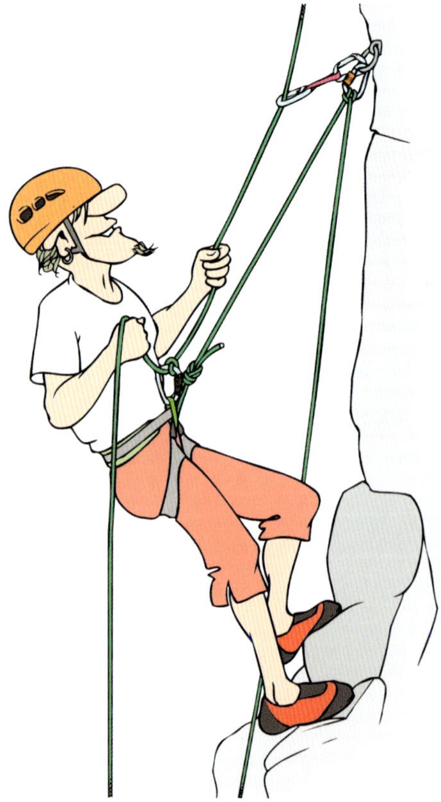

Lange Selbstsicherung und Dummyrunner

Gewichtsunterschied und Sicherungsgeräte

Die Handhabung der unterschiedlichen Sicherungsgeräte ist sowohl im Band »Indoor-Klettern« (DAV 2023) als auch in der sonstigen einschlägigen Literatur (z. B. Semmel 2023) hinreichend erläutert und wird hier nicht weiter thematisiert.

Weniger Literatur hat sich hingegen mit der Frage auseinandergesetzt, wie man auf die Problematik bei der Verwendung von dünnen Seilen sowie auf ein ungleiches Gewichtsverhältnis der beiden Kletterpartner sinnvoll reagiert.

Gewichtsunterschiede

Wieviel Gewichtsunterschied innerhalb einer Seilschaft ist vertretbar? Zum einen müssen Anprallverletzungen bei »Schwer sichert Leicht« vermieden werden, aber vor allem gilt es Bodenstürze und Kollisionen bei »Leicht sichert Schwer« zu verhindern. Eine allgemeingültige Antwort gibt es nicht. Die Sicherungs- und Klettererfahrung der Seilschaft spielt eine große Rolle, ob zusätzliche Maßnahmen nötig sind. Außerdem kann die Problematik durch Reibung im Seilverlauf oder je nach Seildurchmesser verschärft oder abgeschwächt werden. Als grobe Richtlinie für das Topropen wird empfohlen einen Gewichtsfaktor von 1,5 nicht zu überschreiten. Wird der Faktor größer, besteht die Gefahr, dass der Sichernde beim Ablassen vom Boden gehoben wird und die Kontrolle verliert. Im Vorstieg solltest du bei wenig Sicherungserfahrung im Halten von Stürzen kombiniert mit einem reibungsarmen Seilverlauf bereits ab 10 kg Gewichtsunterschied Maßnahmen ergreifen. Folgende Abbildung ist als Empfehlung unter reibungsarmen Bedingungen zu sehen, die an die jeweilige Situation nach oben oder unten angepasst werden kann.

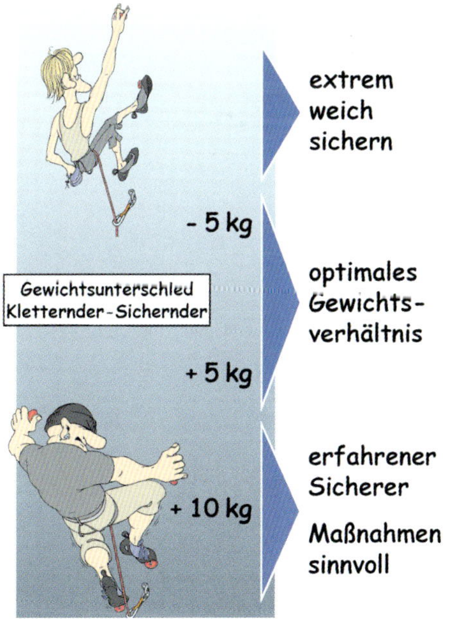

Sicherungsverhalten in Abhängigkeit vom Gewichtsfaktor

Schwer sichert Leicht

Bei Gewichtsunterschieden größer 5 kg sollte extrem weich gesichert werden, um Anprallverletzungen zu vermeiden. Ist die Reibung aufgrund von Felsformation (z. B. Dachkanten) und Seilverlauf sehr hoch, kommt noch weniger Sturzzug beim Sichernden an, was die Situation zusätzlich verschärft. Weiches Sichern, kann durch verschiedene Techniken erfolgen.

Körperdynamik

Bei deutlich leichteren Vorsteigern wird gutes körperdynamisches Sichern extrem lehr- und übungsintensiv, ab 20 kg Unterschied ist es kaum mehr gut leistbar.
Aus einer aktionsbereiten Schrittstellung mit gebeugten Knien lässt du dich vom Sturzzug nach oben ziehen und unterstütz diese Bewegung aktiv.

Gerätedynamik

Gerätedynamisch sichern kann man nur mit einem dynamischen Sicherungsgerät (z. B. ATC). Dabei hältst du das Bremsseil vorab in größerer Entfernung vom Sicherungsgerät und gibst dann das Seil dosiert ins Gerät. Es erfolgt kein Seildurchlauf in der Bremshand, die Bremshand hält das Bremsseil zu jedem Zeitpunkt fest umschlossen.

Sensorhanddynamik

Diese komplexe Methode richtet sich an eher fortgeschrittene Sichernde und erfordert konzentriertes Üben unter sicheren Bedingungen. Für die Sensorhanddynamik wird etwas Schlappseil zwischen Führungshand und Sicherungsgerät gehalten. Die Führungshand wird so zur »Sensorhand«, das Schlappseil wird zur »Sensorschlaufe«. Zur Längeneinstellung der Sensorschlaufe zieht die Sensorhand maximal eine knappe Armlänge Seil aus dem Sicherungsgerät heraus, hält es fest und geht wieder ans Sicherungsgerät. Wenn der Kletterer fällt, versucht der Sichernde den Sturz mit der Sensorhand zu halten. Der Sturzzug zieht den Arm der Sensorhand in die Streckung, bis das Seil zum Sicherungsgerät straff wird und die Kraft verzögert und verringert auf den Gurt eingeleitet wird. Deshalb darf die Sensorschlaufe nicht länger sein als der Arm: Sonst drohen Verbrennungen oder Schulterverletzungen.

Ähnlich schwere Partner

Bei ungefähr gleich schweren Sicherungspartnern solltest du dein Sicherungsverhalten der Situation anpassen. Ist genügend Luft bis zum Boden lautet die Devise: Weich sichern. Beachte unbedingt auch die Geländeformationen (Absätze, Bänder, Vorsprünge …) und die damit einhergehende Kollisions-/Anprallgefahr. Auch eine erhöhte Seilreibung (Seilverlauf um Ecken und Kanten) ändert den »wirkenden Gewichtsunterschied« – sie macht den Vorsteiger im Falle eines Sturzes aus Sicht des Sichernden »leichter«.

Leicht sichert Schwer

Wenn der Sichernde deutlich weniger wiegt als der Kletternde, hebt dieser im Sturzfall automatisch ab. Dadurch können heikle Situationen entstehen, wie z. B. eine Sturzwegverlängerung und ein dadurch höheres Bodensturzrisiko für

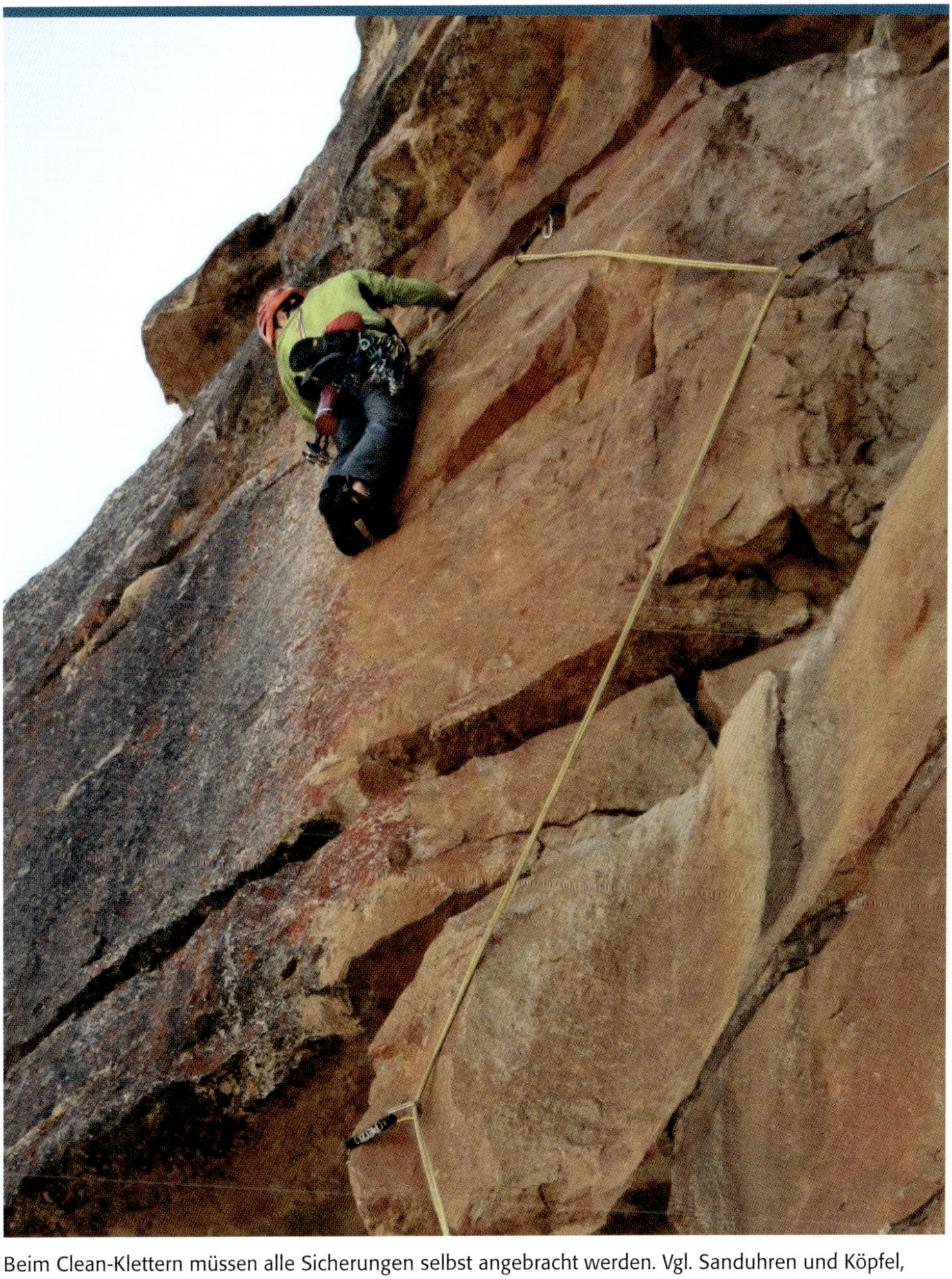

Beim Clean-Klettern müssen alle Sicherungen selbst angebracht werden. Vgl. Sanduhren und Köpfel, Seite 68, Seilverlauf nach Möglichkeit begradigen.

den Stürzenden, oder eine Kollision von Sichernden und Kletternden. Hinzu kommt, dass die Handkraft des (leichten) Sichernden eventuell nicht ausreicht, um beim Ablassen den Seildurchlauf zu kontrollieren. In absolut reibungsarmem Umfeld (gerader Routenverlauf, kaum Seilreibung) empfiehlt es sich deswegen ab ca. 10 kg spezielle Maßnahmen zu ergreifen. Am Felsen herrscht meistens mehr Reibung im System, es kann also durchaus Sinn machen, Maßnahmen erst bei einem größeren Gewichtsunterschied zu ergreifen.

Gegenmaßnahmen

Es gibt zwei Möglichkeiten einen großen Gewichtsunterschied auszugleichen:

- Das Gewicht des Sichernden künstlich erhöhen (Ballastsack oder Selbstsicherung).
- Die Reibung im Sicherungssystem mithilfe eines Reibungsclips oder Reibungserhöhers wie »Ohm« oder »Bauer« erhöhen.

Anstelle eines Sandsacks kannst du am Felsen z. B. auch einen schweren, vollbepackten Rucksack als Ballastsack verwenden. Falls du dich für eine Selbstsicherung entscheidest, sollte diese zwei bis fünf Meter lang sein, idealerweise an einem Baum hinter dem Sichernden auf Hüfthöhe per Bandschlinge fixiert. Selbstsicherung oder Ballastsack befestigst du an der Anseilschlaufe unterhalb des Sicherungskarabiners und gegenüber der Bremshand, um Kollision von Verbindungsschlinge und Hand zu verhindern. Die Verbindungsschlinge sollte leicht auf Zug sein und das System »Fixierung – Sichernder – erste Exe« muss eine gerade Linie

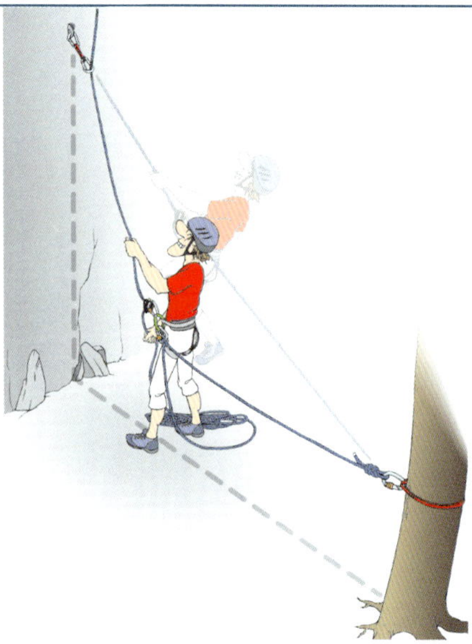

Selbstsicherung nach hinten in Linie zur Tour, leicht auf Spannung und auf Höhe der Anseilschlaufe

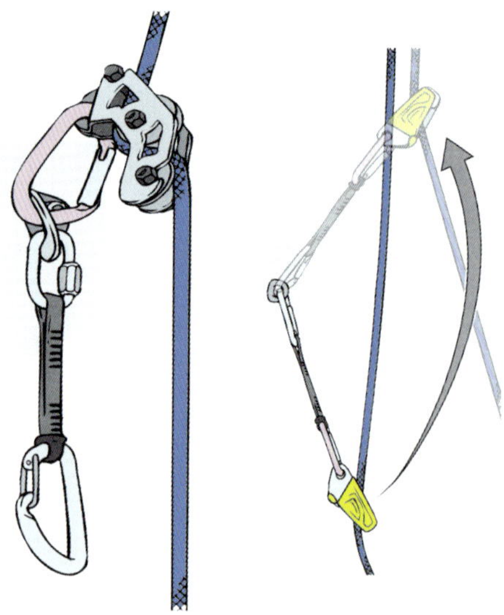

Bauer (links) und Ohm (rechts)

bilden, damit der Sichernde nicht auch noch zur Seite gerissen wird. Ein Gewichtsverhältnis von ca. 150 % ist die Grenze, ab der die Handkraft ein sicheres Ablassen nicht mehr gewährleistet.

Wenn du die Reibung künstlich erhöhst, hilft dir das auch bei geringer Handkraft beim Ablassen. Neben dem klassischen Reibungsclip gibt es mittlerweile auch technische Lösungen, die, an der ersten Exe angebracht, bei Belastung die Reibung erhöhen, ohne dabei dem Vorsteiger das Clippen zu erschweren. Beim Reibungsclip hängt man das Seil zusätzlich in die erste Exe der benachbarten Route (am Fels nicht immer möglich), Nachteil ist, dass die vermehrte Seilreibung auch beim Vorsteiger spürbar ist.

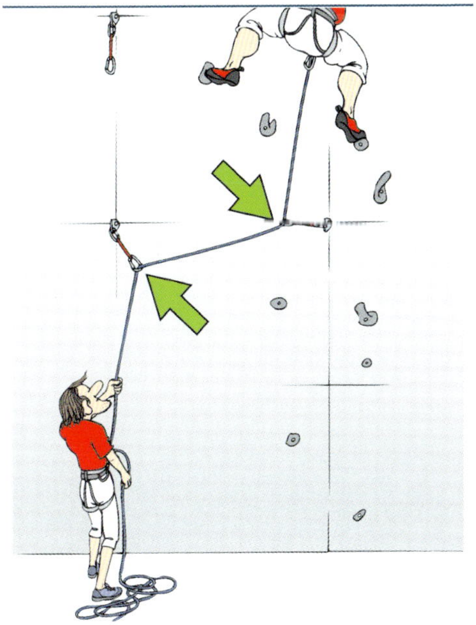

Reibungsclip

Seil und Sicherungsgerät

Es gibt viele verschiedene Sicherungsgeräte auf dem Markt. Grundsätzlich empfiehlt der DAV für das Sichern beim Sportklettern halbautomatische Sicherungsgeräte. Jedes Gerät erfordert spezielles Know-how und ist für eine bestimmte Spanne an Seildurchmessern geeignet. Wichtig ist, dass das Sicherungsgerät zu deinem Seildurchmesser passt. Der Trend hat sich in den letzten Jahren zu immer dünneren Seilen entwickelt. Du musst wissen, dass sich vor allem ein neues, dünnes, glattes Seil komplett anders verhält als ein gebrauchter dicker »Strick«. Auch die Gewichtsunterschiede innerhalb einer Seilschaft sollten bei der Auswahl des geeigneten Sicherungsgerätes berücksichtigt werden.

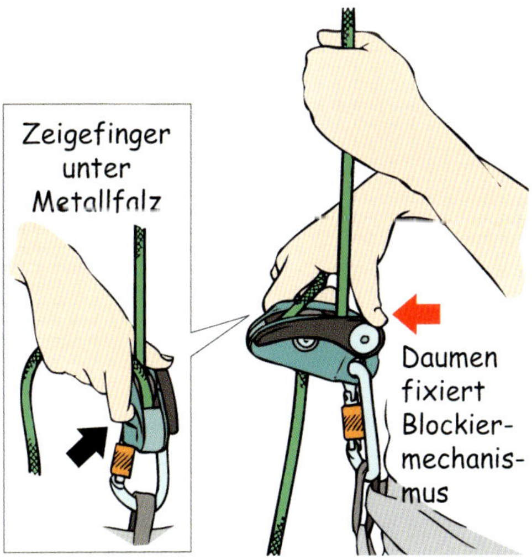

Seilausgeben mit GriGri (Gaswerkmethode)

Halbautomat

Vor allem im Falle »Leicht sichert Schwer« wird ganz klar die Verwendung eines Halbautomaten empfohlen. Ist der Sturz weiter als gewohnt, schießt du als Sichernder wie eine Rakete in Richtung erste Exe. Es kann sein, dass du beide Hände benötigst, um dich gegen den Anprall an der Wand zu schützen. Diese Situation beinhaltet immer das Potenzial, dass das Bremsseil losgelassen wird. Loslassen soll man zwar auch bei den Halbautomaten nicht – in der Regel würden sie aber trotzdem blockieren.

Handkraft

Die Handkraft geht mit dem Körpergewicht einher. Bei leichten Personen ist die Handkraft in der Regel geringer. Tubes halten mehr, wenn man das Bremsseil stärker festhält. Halbautomaten unterstützen das Festhalten des Bremsseils im Belastungsfall. Dennoch musst du spätestens beim Ablassen das Bremsseil dosiert ins Gerät geben können. Bei einem hohen Gewichtsunterschied und einem neuen, dünnen und glatten Seil kann dies bei niedriger Handkraft zu Problemen und zu heiklen Situationen (Handverbrennungen, Durchrauschen des Kletterers) führen. Im Zweifel solltest du also reibungserhöhende Maßnahmen ergreifen.

Hier findest du Videos zur Funktion und richtigen Bedienung verschiedener Sicherungsgeräte.

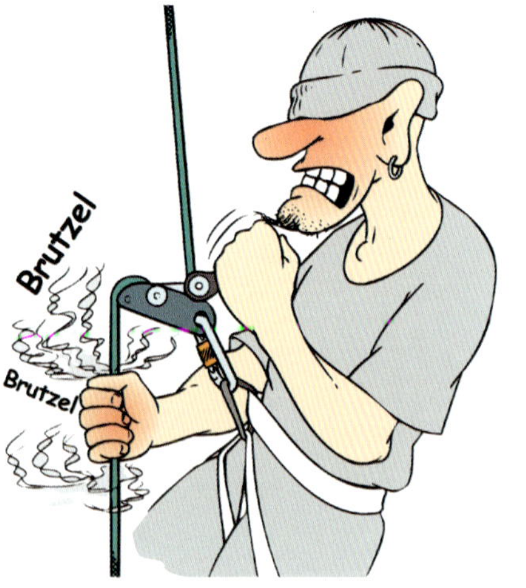

Die Handkraft dosiert den Seildurchlauf beim Ablassen.

Bodennah sichern

- Wandfuß bzw. Sicherungsraum freihalten.
- Beim Start Seilführung rechts oder links des Kletternden und korrekte Schlappseilmenge vorbereiten.
- Situationsbedingt Spotten bis zum ersten Haken oder den ersten Haken eventuell mit Clipstick einhängen.
- Position des Sichernden nach dem ersten Clip außerhalb der Sturzbahn. Etwa 1 m von der Wand entfernt und 1 m seitlich versetzt unter der ersten Zwischensicherung.
- Bei Kletterlinie leicht links der Zwischensicherung seitlicher Versatz nach rechts (und umgekehrt).

Sowohl beim Bouldern als auch bis zum ersten Haken ist abhängig von Gelände, Hakenhöhe und auch Gewichtsunterschied Spotten angesagt. Nach dem ersten Clip muss man sich darüber im Klaren sein, dass auch »normale«, also nicht während des Clippens erfolgende Stürze übel ausgehen können. »Seil zwischen den Beinen« und »Kollision mit dem Partner« sind zwei mögliche Szenarien. Es macht also durchaus Sinn, sich bezüglich der bodennahen Sicherungssituation einige Gedanken zu machen – indoor wie outdoor. Auch beim Bouldern ist Spotten ein wichtiges Thema – nicht jedoch knapp über dem Boden und mit Crashpad (Bouldermatte) gesichert.

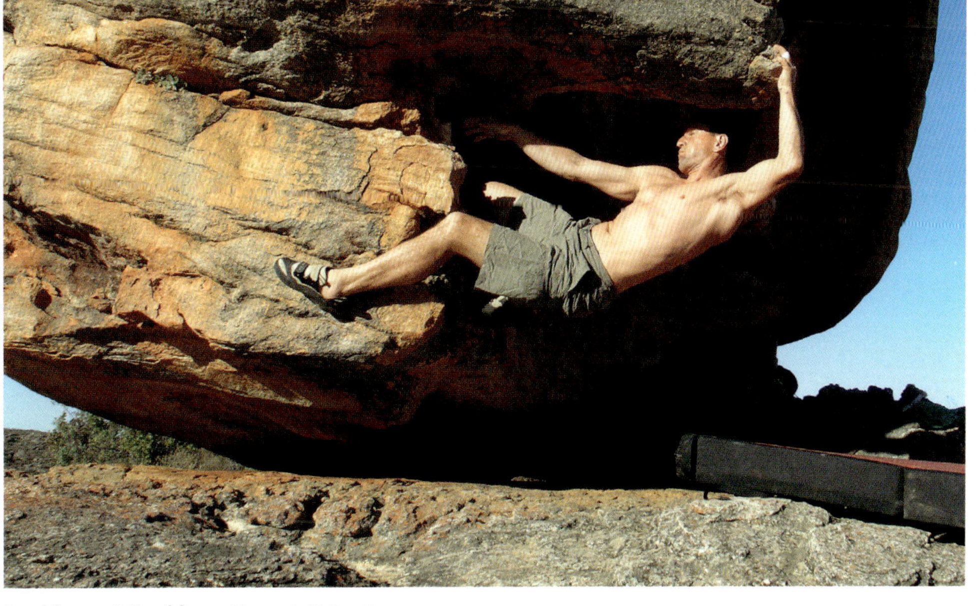

Bouldern mit Bouldermatte anstatt Spotter

Sicherungsraum

Ist der Wandfuß geeignet, um das Seilausgeben bzw. -einnehmen durch einen schnellen Schritt vor- oder rückwärts unterstützen zu können?

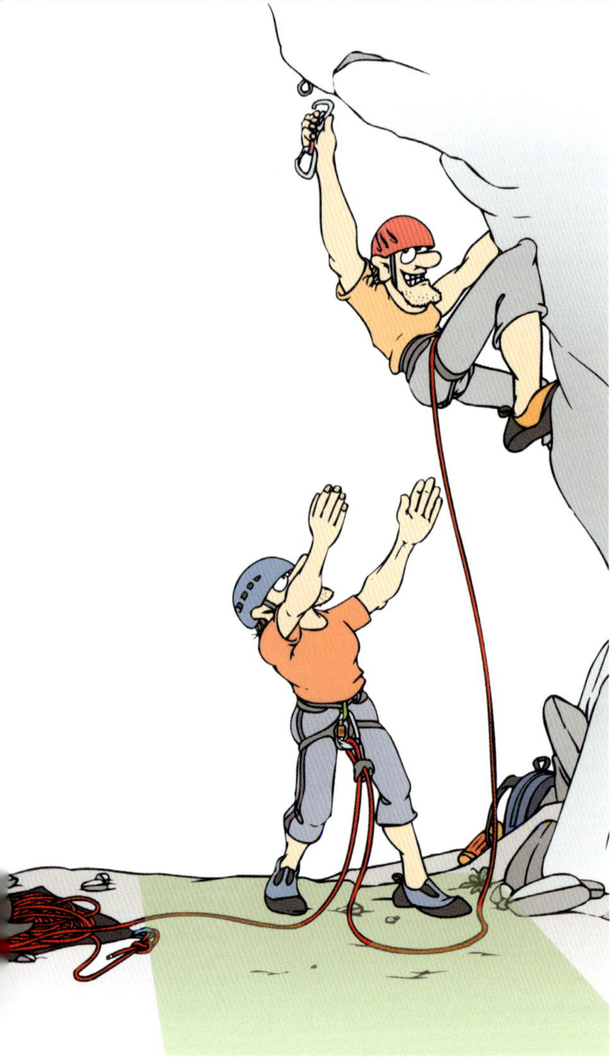

Sicherungsraum, Spotten, Seilführung, Schlappseil

Oder ist das Gelände so uneben, verwurzelt oder verblockt, dass du deine Position lieber beibehalten möchtest? Übertrage dein gewohntes Indoor-Sicherungsverhalten weder bewusst noch unbewusst nach draußen. Hallenböden sind flach und eben, und wahrscheinlich gehört der Schritt vor und zurück zu deinem automatisierten Repertoire.

In jedem Fall sollst du den Wandfuß bzw. Sicherungsraum freihalten. Dein Rucksack und die anderen Utensilien, die man so dabeihat, sind abseits besser aufgehoben. Auch das Seil gehört nicht in den unmittelbaren Sicherungsraum, sondern etwas nach rechts oder links.

Seil rechts oder links

Der Kletternde startet nicht mit dem Seil zwischen den Beinen, sondern das Seil verläuft rechts oder links von ihm, je nachdem ob sich der erste Haken rechts oder links der Kletterlinie befindet, was in der Regel bedeutet: »Seil auf der Seite der Clip-Hand«. Achtet ihr nicht auf diesen Punkt, muss der Kletterer das Seil beim ersten Clip erst auf die andere Seite ziehen und hat es anschließend diagonal vor dem Körper zum Sicherungspartner laufen – eine lästige Situation, die außerdem in der Regel so viel Schlappseil erfordert, dass man im Sturzfall eh wieder am Boden liegen würde.

Schlappseil vorbereiten

Wenn ich mich dazu entscheide, bis zum ersten Haken zu spotten, sollte ich folgendes beachten: Spotten und gleichzeitig Seilausgeben geht nicht. Du musst also eine angemessene Schlappseilmenge vorbereiten – so viel, dass der erste Haken ohne Unterbrechung des Spottens geclippt werden kann. Allerdings auch nicht wesentlich mehr, denn du möchtest deinen Partner nach dem Clip ja so schnell wie möglich korrekt sichern können und nicht erst noch drei Meter Schlappseil einziehen müssen.

Kleiner Exkurs in die Taktik: Um die Schlappseilmenge korrekt vorzubereiten, ist es hilfreich zu wissen, von welchem Griff aus geclippt wird.

Nach dem ersten Clip

Positioniere dich nach dem ersten Clip etwa einen Meter von der Wand entfernt und einen Meter seitlich versetzt unter der ersten Zwischensicherung. So läuft das Seil von dir aus relativ steil zur Sicherung hoch. Dein Partner wird es im Sturzfall also nicht zwischen die Beine bekommen, und du kannst dein Körpergewicht zum Halten einsetzen, ohne nach vorne geschleift zu werden. Verläuft die Kletterlinie leicht links der Zwischensicherung, wähle den seitlichen Versatz nach rechts (und umgekehrt). Bleibe möglichst etwas außerhalb der Falllinie deines Partners. Wechsle ggf. auch mal die Seite.

Seilhandling bodennah

Gib das zum Clippen der weiteren Zwischensicherungen benötigte Seil schnell und präzise aus. Präzise heißt in diesem Zusammenhang, dass du nicht mehr als das benötigte Seil bereitstellst, aber eben auch nicht weniger. Clippen zu wollen, aber die letzten 10 cm Seil nicht zu bekommen ist ziemlich nervig.

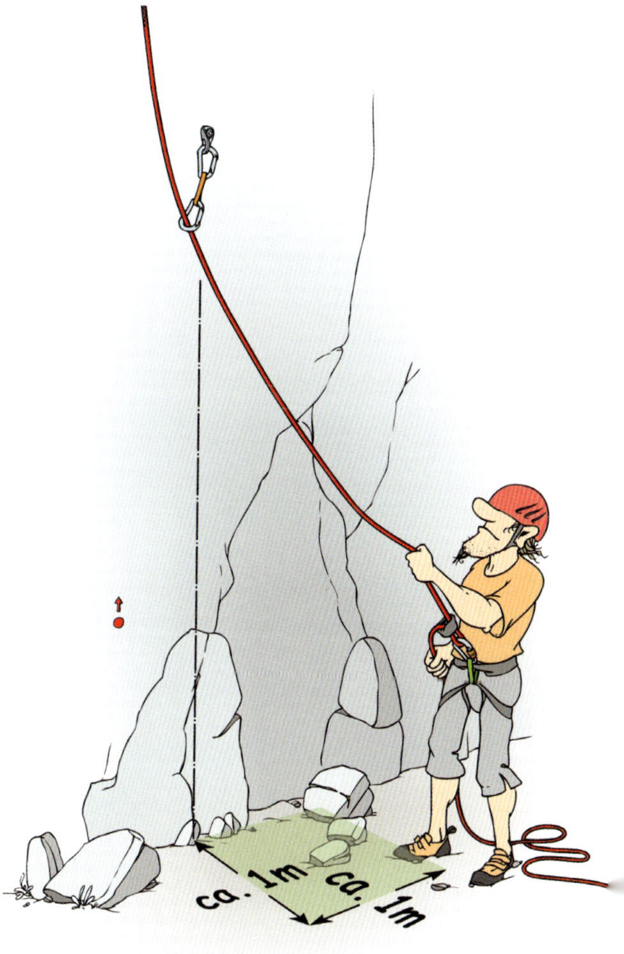

Position 1 m/1 m und außerhalb der Falllinie

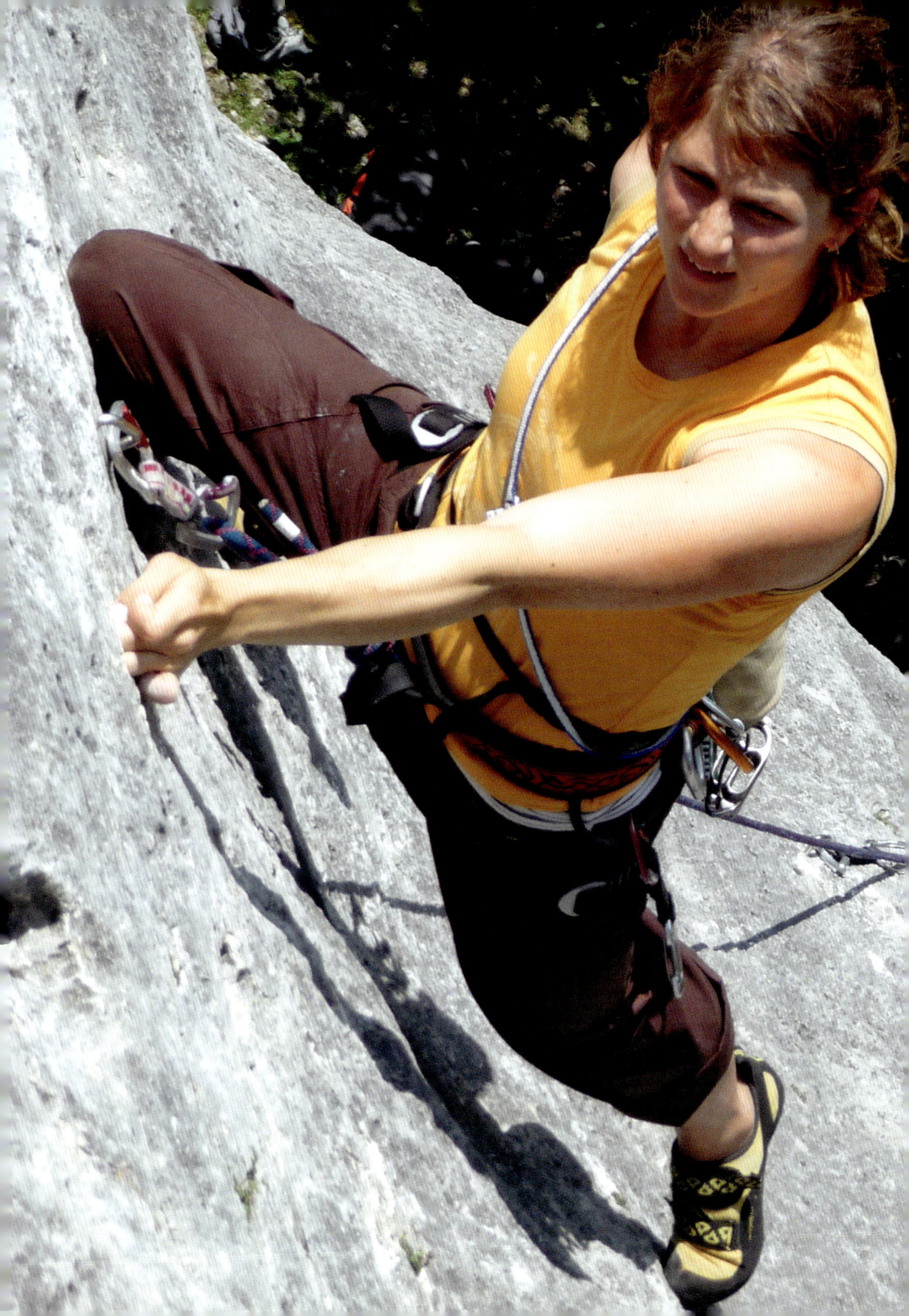

Vorsteigen am Fels

Wer draußen klettert, hat einiges mehr zu beachten als in der Halle. Die bereits bekannten Techniken haben dabei weiterhin Gültigkeit. Du musst also nichts umlernen, sondern dein Wissen und Können »lediglich« um einige neue Aspekte erweitern.

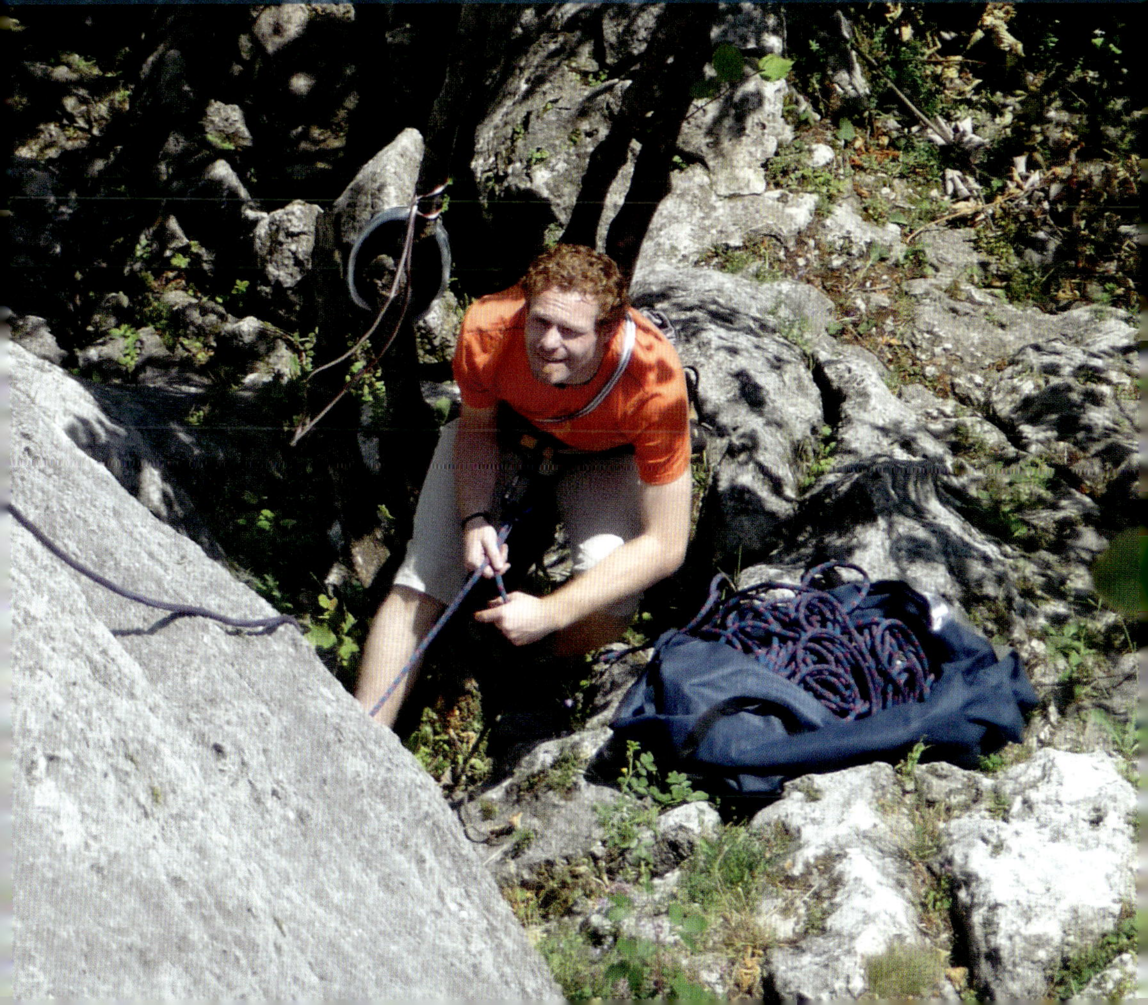

Clippen

- Clippe jeweils aus stabiler Position.
- Hakenkarabiner: Schnapper »entgegen der« Kletterrichtung einhängen.
- Seilkarabiner: Seil »unverdreht« bzw. »in Linie« clippen.
- Ringhaken: beide Schnapper zeigen vom Fels weg.

Draußen sind die Bohrhaken nur selten in einer schnurgeraden Linie angeordnet wie in der Halle. Benutze deine Exen, um das Seil in die Bohrhaken einzuhängen. Einzelne Karabiner sind für diesen Zweck nur in Sonderfällen geeignet. Aufgrund ihrer Länge begradigen Exen den Seilverlauf und reduzieren somit die Reibung beim Hochziehen des Seils. Aus der Halle kennst du große Seilreibung möglicherweise im Zusammenhang mit einem Reibungsclip – am Fels kann sie auch ohne diesen recht lästig werden.

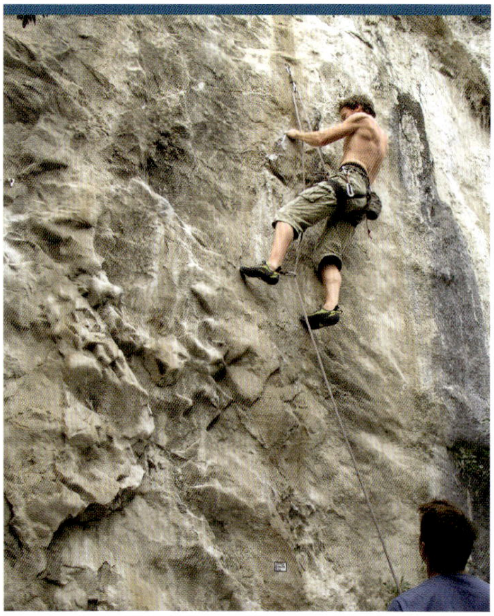

Hier möchte man den zweiten Haken geclippt haben, bevor man in die schwere Passage startet.

Stabile Position

Clippe immer aus einer stabilen Position. Wegen der größeren Hakenabstände und des oft ungünstigen Sturzgeländes kann ein Sturz während des Clippens fatale Folgen haben (vgl. Seite 52). Bei hüfthohem Clippen ist weniger Seil ausgegeben. Die Bodensturzgefahr ist also reduziert. Trotzdem kann hüfthohes Clippen draußen nicht generell empfohlen werden. Die Routen sind oft so gebohrt, dass nach einem brauchbaren Clippgriff eine schwere Passage folgt. Hast du von diesem Griff aus nicht eingehängt und kletterst in die schwere Passage hinein, kommst du möglicherweise gar nicht mehr zum Einhängen. Und dann wird der Sturz natürlich viel weiter, als wenn du zuvor über Kopf geclippt hättest.

Kletterrichtung

In der Regel klinkst du den oberen, hakenseitigen Karabiner so, dass dessen Schnapper von der Kletterrichtung wegzeigt. Sprich, kletterst du eher links am Haken vorbei, soll die obere Schnapperöffnung rechts sein. Der Grund für diese Empfehlung liegt darin, dass sich eine schräg nach oben belastete Exe aus dem

Haken ausklinken kann. Sie tut dies aber nur, wenn sie in Richtung Schnapper hochgedreht wird – also bei Schnapper rechts gegen den Uhrzeigersinn. Kletterst du in diesem Fall wie empfohlen links vorbei, ist diese Situation so gut wie ausgeschlossen. Natürlich gibt es auch Fälle, bei denen du direkt über den Haken kletterst oder dich hin- und herbewegst, sodass du keine eindeutige Lösung für das Problem finden kannst. Achte dann besonders darauf, die Exe nicht mit irgendeinem Körperteil (z. B. dem Knie) nach oben zu bewegen.

Hochdrehen der Exe in Richtung Schnapper kann auch dazu führen, dass sich der Hakenkarabiner in einer engen Öse quer verkantet. Dieses Muster hat bereits zu einigen Karabinerbrüchen geführt.

Unverdreht

Dass du das Seil »unverdreht« clippen sollst, weißt du bereits. Unverdreht bedeutet: Das zu dir führende Seil kommt vorne aus dem Karabiner heraus und das zum Partner führende Seil zwischen Karabiner und Wand. Erscheint dir der Begriff »unverdreht« wenig klar, kannst du dafür auch den bereits anderweitig etablierten Begriff »in Linie« verwenden: Kletterst du weiter, läuft das Seil »in Linie« durch die Exen.

In Ringhaken hängst du den oberen Karabiner von unten her ein, damit sein Schnapper nicht am Fels anliegt. Um den unteren Karabiner vernünftig clippen zu können, soll die Exe besonders in diesem Fall »gleichläufig« aufgebaut sein (vgl. Hoffmann 2024).

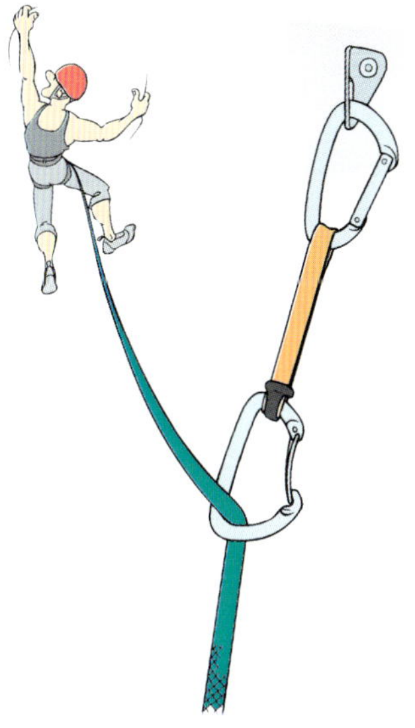

Oberer Schnapper zeigt von der Kletterrichtung weg.

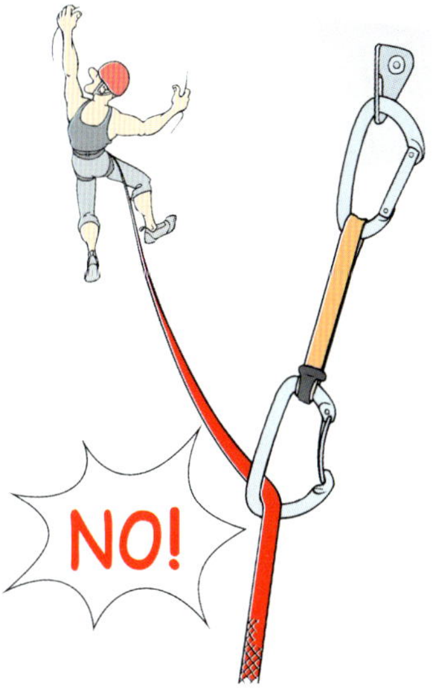

Seil verdreht bzw. nicht »in Linie« geclippt

Motorik Clippen

Auch wie du das Seil in den Karabiner bekommst, weißt du bereits aus der Halle. Beachte, dass man das Seil in der hohlen Hand oder über die Daumenaußenseite hochführen kann. Daraus resultieren jeweils unterschiedliche Cliptechniken. Drinnen wie draußen musst du die entsprechenden Bewegungsabläufe sowohl mit der rechten als auch mit der linken Hand beherrschen. Du kannst dir schließlich nur selten aussuchen, mit welcher Hand du clippst. Die Grafiken zeigen Methoden beim Seil-Hochführen über die Daumenaußenseite.

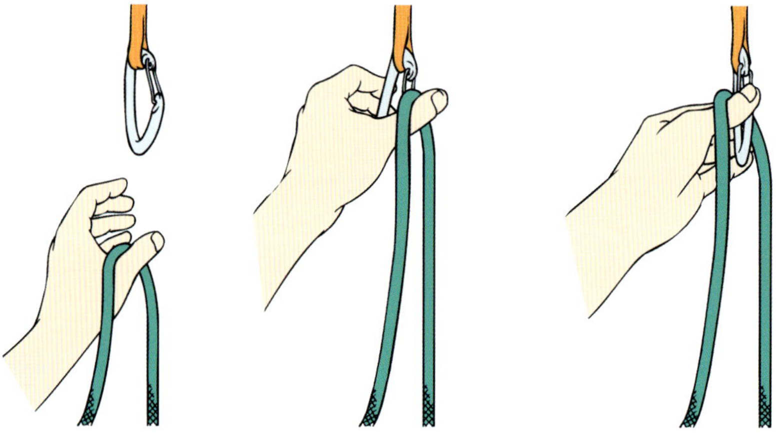

Clippen mit linker Hand und Schnapper rechts

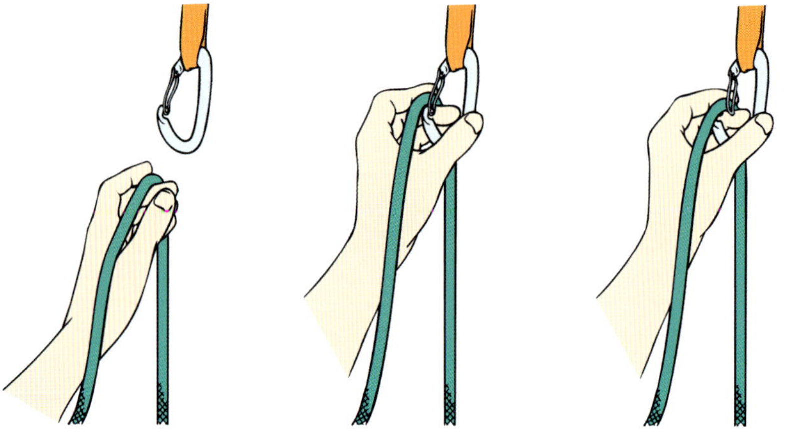

Clippen mit linker Hand und Schnapper links

Sicherungen verbessern

- Ggf. an besonders sicherheitsrelevanten Stellen zwei Exen nebeneinander oder eine Exe mit Verschlusskarabinern.
- Ggf. Zwischensicherungen verlängern, um kritische Stellen oder instabile Clip-Positionen zu entschärfen.
- Ggf. Zwischensicherungen mit Bandschlingen deutlich verlängern, um den jeweiligen Haken zweimal clippen zu können (muss vorab präpariert werden).

Zwei Exen

Dass sich eine Exe komplett aus dem Haken aushängen kann, wurde bereits erläutert (Kletterrichtung, Seite 64). Nimm diesen Punkt ernst – das Phänomen tritt öfter auf als erwartet. In seltenen Fällen kann sich das Seil auch selbstständig aus dem unteren Karabiner der Exe ausklinken. Der Effekt ist bei beiden Mustern der gleiche. Schon 2 m Hakenabstand bescheren dir 5 – 6 m zusätzliche Sturzweite. Grund genug, über zusätzliche Maßnahmen nachzudenken – besonders in Situationen wo diese Flugverlängerung am Boden enden würde.

Variante 1: Hänge eine zweite Exe parallel zur ersten Exe mit in den Haken. Auch bei gleichen (nicht gegenläufigen) Stellungen der oberen bzw. unteren Karabiner ist ungewolltes Ausklinken dann kaum mehr vorstellbar.
Variante 2: Präpariere eine oder mehrere Exen mit jeweils ein oder zwei Schraubkarabinern. Bedenke aber, dass zugeschraubte Seilkarabiner bei späteren Vorstiegen lästig sind.

Zwei Exen nebeneinander sind etwas anderes als zwei Exen hintereinander. Letztere können Seilreibung reduzieren oder einen Clip erleichtern. In puncto Sicherheit stellen sie aber eher eine Verschlechterung dar.

Haken verlängern

Wie gerade erwähnt, kann es Sinn machen, einen bestehenden Haken verlängert einzuhängen. Zwei Exen sind dafür möglich, aber nicht

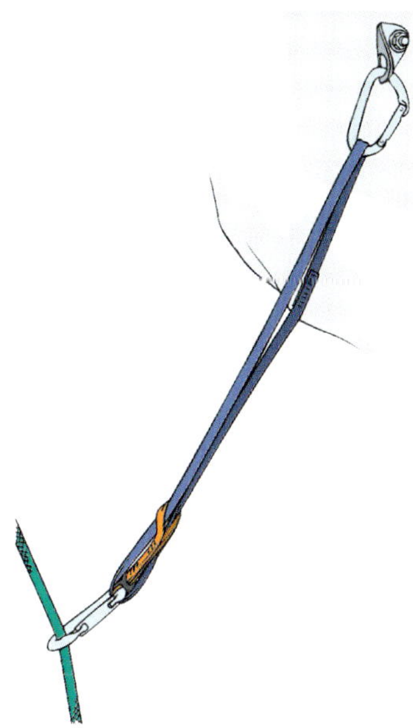

Exe mithilfe einer Bandschlinge verlängern

Kontrolliert bewegen

- Teste lose erscheinende Griffe mit Handballenschlag (Tritte mit Fuß). Der Klang verrät die Qualität des Griffs.
- Nicht hinter dem Seil stehen. Wer hinter dem Seil steht, »fädelt« im Sturzfall mit einem Bein ein. Das führt beim Abbremsen des Sturzes zu einem Überschlag.
- Klettere kontrolliert und reversibel, wo du nicht stürzen darfst. Reversibel heißt, dass du zurückklettern kannst. Nach jedem Clip gibt es in der Regel einen Bereich, der Stürze und somit auch »wackelige« Züge erlaubt.

Griffe testen

Draußen gibt es keine Gewähr, dass die Griffe und Tritte wirklich fest sind. Vielbegangene Routen weisen zwar in der Regel wenig brüchigen Fels auf – doch auch an ihnen nagt der Zahn der Zeit. Frostsprengung während des Winters und auch weitere Erosionsarten reduzieren nach und nach die Festigkeit nicht wirklich kompakten Gesteins. Nicht vergessen: Selbst wenn sich schon 10.000 Kletterer an ihm festgehalten haben, kann ein Griff irgendwann ausbrechen.

Prellender Schlag

Du tust also gut daran, alle nicht 100-prozentig solide erscheinende Griffe und Tritte vorab zu testen. Dies tust du mit einem prellenden Schlag des Handballens oder des Fußes. Je hohler der Klang, desto unsicherer. Vermeide es, an größeren Brocken zu rütteln. Wackelt der Block nicht, weißt du so viel wie vorher. Wackelt er, kommt es vor, dass er runterfallen will. Das kann sowohl dich als auch deinen Sicherungspartner in ernste Schwierigkeiten bringen.

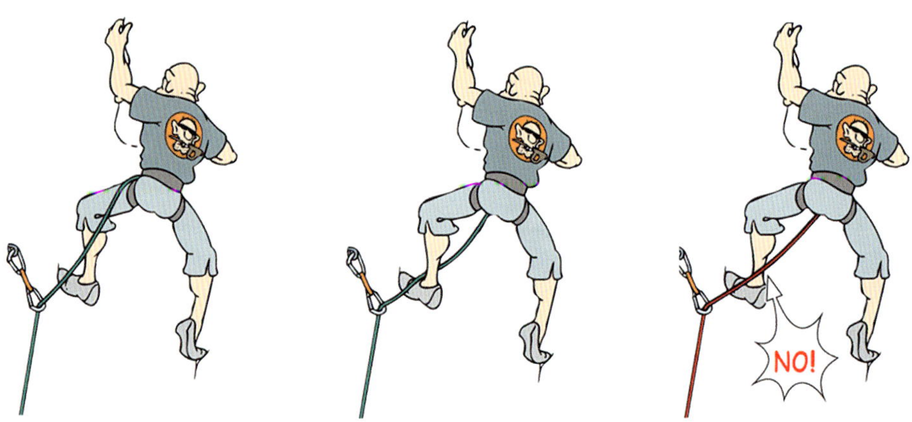

Seilführung am Körper

Seilführung am Körper

Aufgrund der größeren Hakenabstände stehst du nicht selten mit den Füßen oberhalb der letzten Zwischensicherung. In dieser Situation kommt die korrekte Seilführung am Körper voll zum Tragen. Es geht darum, dass dein Bein im Sturzfall nicht hinter dem Seil »einfädelt« – der Sturz also planmäßig verläuft. Die Formulierung »hinterm Seil stehen« beschreibt eine Situation, bei der ein Sturz mit einem unfreiwilligen Überschlag enden würde. Viele Verletzungen gehen auf genau diesen Effekt zurück – besonders die diagonalen Brandstriemen hinten am Oberschenkel.

Die Seilführung am Körper wird bisweilen auch von guten Kletterern unterschätzt oder nicht beachtet. Und dies trotz der vollkommenen Offensichtlichkeit des Verletzungsrisikos. Behalte also die Seilführung während des Vorstiegs kontinuierlich im Auge. Vereinbare ggf. mit deinem Partner, dass er dich warnt, sobald du »hinterm Seil« stehst.

Reversibel klettern

Größere Hakenabstände fordern auch dazu auf, genau zu überlegen, wo man stürzen darf und wo nicht. Unmittelbar nach dem Clip einer verlässlichen Zwischensicherung sollte nicht viel passieren. Auch der (individuell unterschiedliche) Bereich oberhalb der letzten Sicherung, in dem ein Sturz aller Voraussicht nach kontrollierbar ist, darf am Limit geklettert werden. Den höchsten Punkt dieses Bereichs bezeichnet man als »Basis«. Von dort aus solltest du bis zur nächsten Sicherung reversibel klettern – also mit kontrollierten und auch wieder rückwärts ausführbaren Bewegungen. Beachte, dass die Basis keine fixe Höhe darstellt, sondern dass du sie für jede Stelle und auch zu deinem Können und deiner Psyche passend definieren musst.

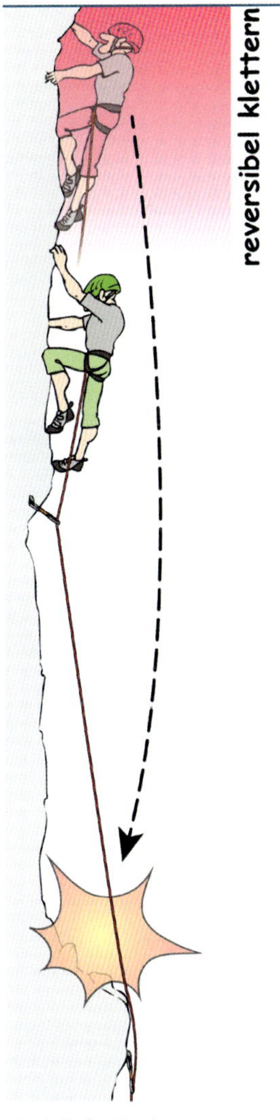

Modell der Basis

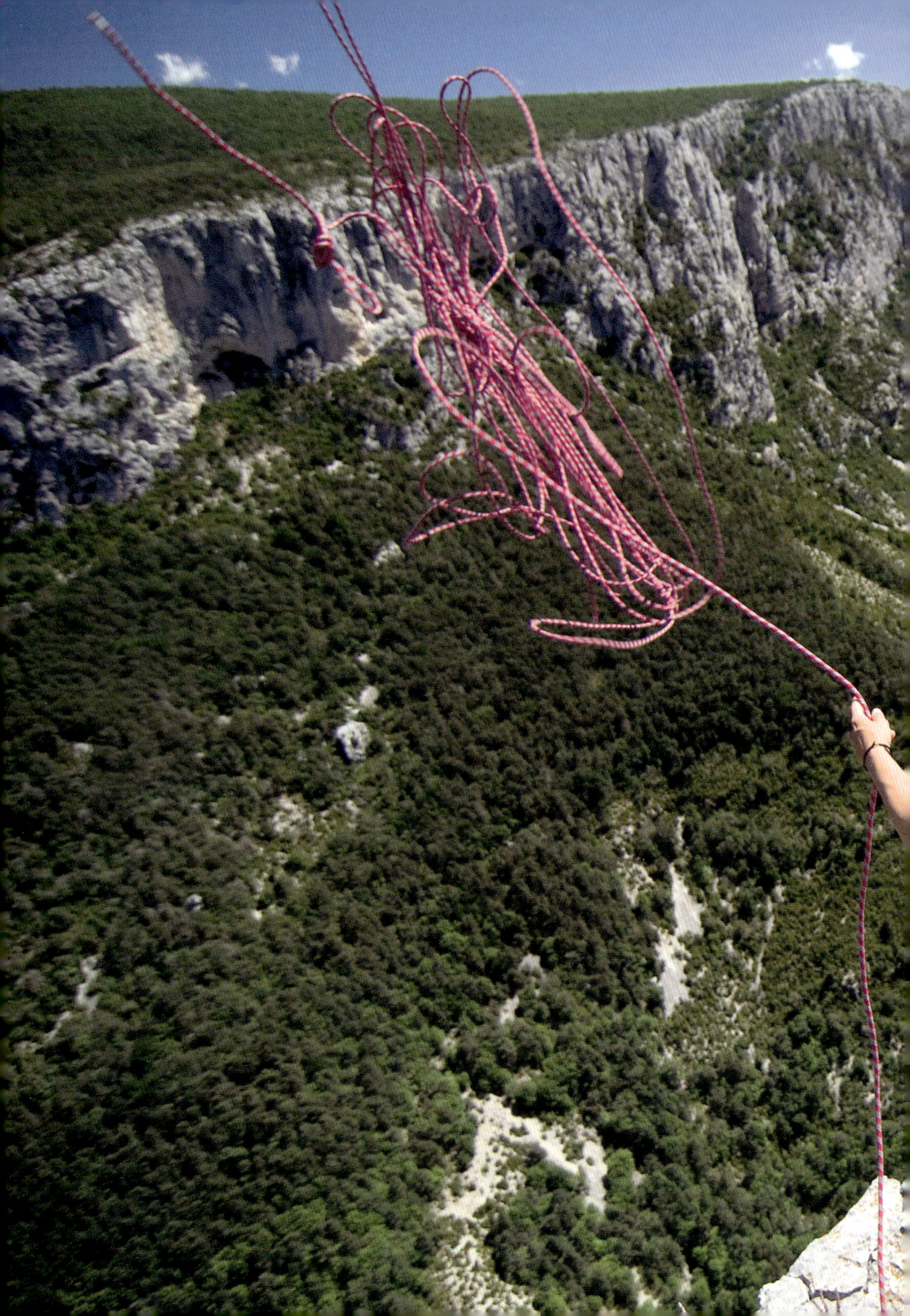

Umlenken, Fädeln, Abseilen

Oben angekommen, findest du in der Mehrzahl der Fälle nicht die beiden Stahlkarabiner vor, die du aus der Halle gewohnt bist. Auch hier – wie schon beim Sichern – gibt es zusätzliche wissenswerte Aspekte und erforderliche Techniken.

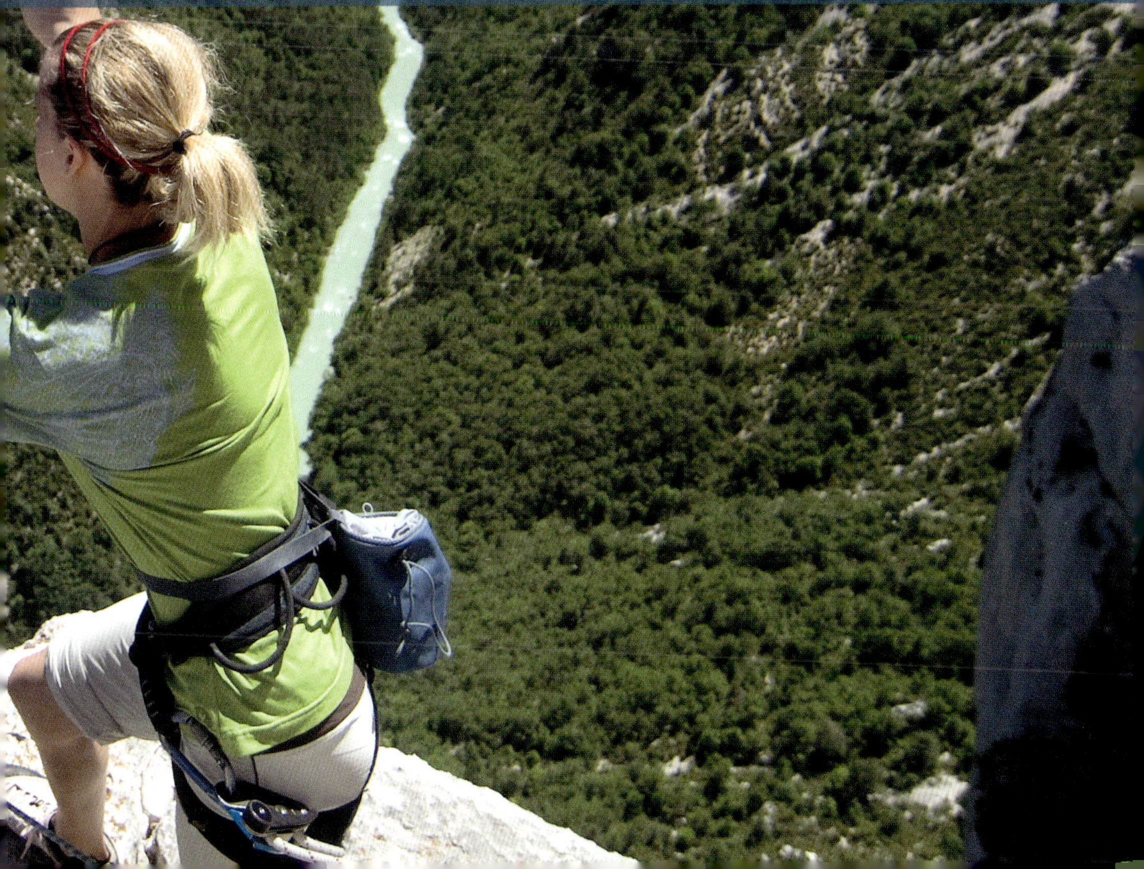

Umlenkung

- Umlenkungen aus Sicherheits- und Naturschutzgründen nicht überklettern.
- Die Umlenkung ggf. zunächst wie eine Zwischensicherung einhängen und anschließend beurteilen.

Früher war es üblich, eine Route bis ganz hinauf zu klettern und den Partner von dort aus nachzusichern. Das ist der Grund, weshalb man an den Ausstiegen von klassischen Touren oft nach wie vor deutliche Trittschäden vorfindet. Zwischenzeitlich sind aber fast alle Routen mit Umlenkern ausgestattet, und immer weniger Kletterer betreten die Felsköpfe darüber. Ausnahmen bestehen vor allem in Granit- und Sandsteingebieten wie dem Elbsandstein und dem Pfälzerwald. Dort befinden sich die Umlenkhaken bzw. Abseilringe häufig oben auf dem Felskopf.

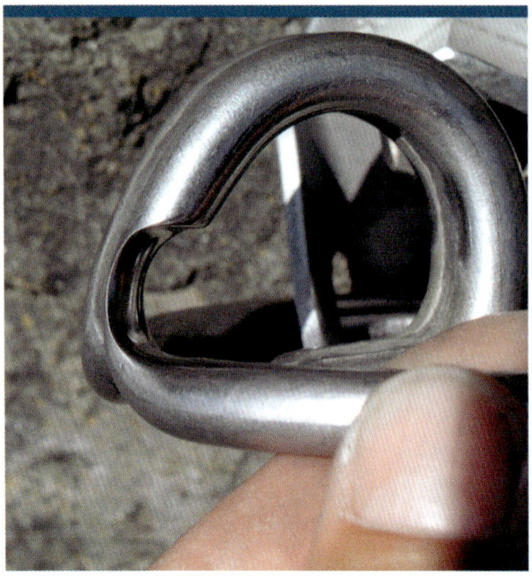

Stark eingeschliffener Umlenkhaken

Felsköpfe schonen

Falls du doch mal oben aussteigen willst oder musst, versuche so wenige Pflanzen wie möglich in Mitleidenschaft zu ziehen. Vermeide erdige oder bewachsene Bereiche. Neben den entstehenden Trittschäden verunreinigst du dabei leicht deine Kletterschuhe. Schmierige Sohlen können abrutschen. Doch nicht alle Trittschäden stammen von Kletterern. Der schönen Aussicht wegen werden manche Felsköpfe von Wanderern betreten. Bei genügend Frequentierung entstehen dabei vollkommen vegetationsfreie Flächen. Die ursprünglichen Reliktarten findet man dann nur noch jenseits von Absperrungen oder an besonders exponierten, unzugänglichen Stellen.

Umlenkung prüfen

Prüfe die Umlenkung, bevor du sie belastest. Während in Hallen auf die Sicherheit der Umlenker Verlass ist, gibt es dafür draußen keine Gewähr. Erscheint dir eine Umlenkung fragwürdig oder ist die Umlenk-Öse zu sehr eingeschliffen, opfere lieber eigenes Material, als einen Absturz zu riskieren.

Apropos Umlenk-Öse: Zum Ablassen soll sie einen runden, nicht zu dünnen Materialquerschnitt aufweisen. Dein Seil mag Ablassen über kantige Ösen (z. B. Bohrhakenlaschen) überhaupt nicht. Dadurch wird dieses nämlich stark beschädigt.

Toprope

- Soll Toprope geklettert werden, an der Umlenkung eigenes Material verwenden. Häufiges Ablassen schleift die bestehenden Umlenkhaken ein.
- Seil zweimal einhängen (Verschlusskarabiner oder zwei Exen nebeneinander).
- Zwei Fixpunkte einbeziehen. Sofern dies an der Umlenkung nicht möglich ist, soll die oberste Zwischensicherung eingehängt bleiben.

Eigenes Material

Verwende an der Umlenkung eigenes Material, wenn du Toprope klettern willst – insbesondere dann, wenn dein Seil auch in Sandstein oder Granit benutzt wurde. Kleine Quarzpartikel bleiben dort im Mantel hängen und machen aus deinem Seil eine riesige Feile. Die Partikel erhöhen außerdem den Verschleiß des Seils – zwei gute Gründe für den Seilsack (vgl. Seite 34). Bedenke, wie viel Arbeit und Kosten entstehen, wenn eingeschliffene Umlenker ausgetauscht werden müssen. Einmaliges Ablassen am Umlenker ist tolerierbar – beim Topropen ist es aber recht und billig, eigenes Material zu einzusetzen.

Zweimal einhängen

An der Umlenkung gilt das Redundanzprinzip: Es sollten zwei Haken einbezogen sein, und das Seil sollte zweimal eingehängt werden. Um dies zu erreichen, existiert eine ganze Reihe empfehlenswerter Lösungen.

Bei einer mit Kette verbundenen Umlenkung wird das Seil im zentralen Punkt mit zwei parallelen Exen oder Karabinern eingehängt. Bei zwei nicht verbundenen Haken hängt in jedem Haken eine Exe oder einmal Verschlusskarabiner und einmal Exe.

Existiert nur ein einziger Umlenkhaken, ist die Situation weniger klar. Bühler, Elbsandsteinring und Sicherheitshaken gelten im soliden Fels und korrekt gesetzt als absolute Fixpunkte,

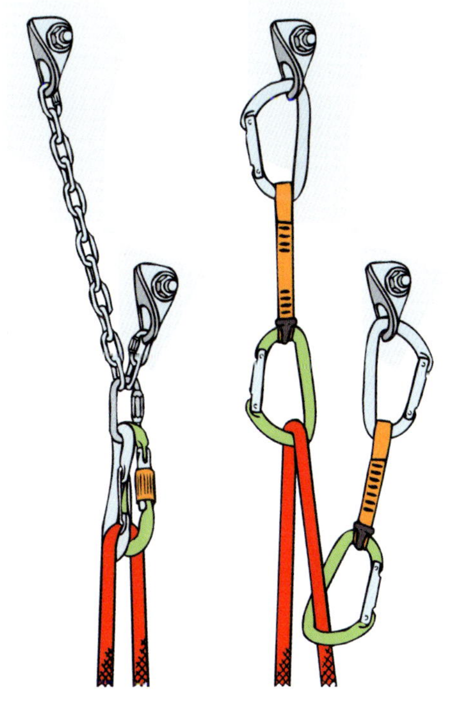

Umlenkungen nach dem Motto: zwei Haken und zweimal eingehängt

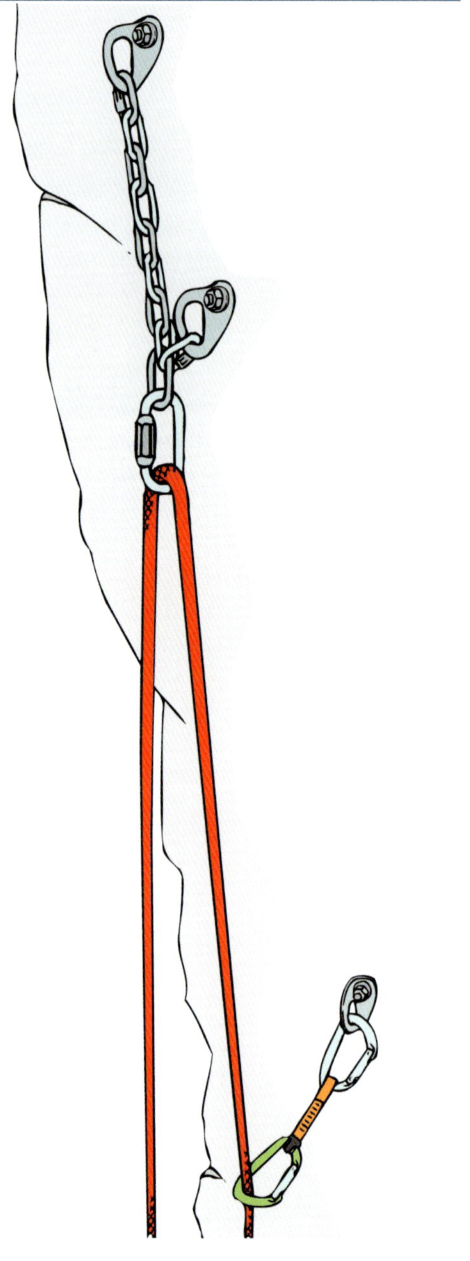

Bei zweifelhafter Umlenkung die oberste Zwischensicherung eingehängt lassen.

denen man vertrauen darf. Expressanker können innerlich korrodiert sein – auf sie solltest du dich nicht blind verlassen (vgl. Grafiken, Seite 32). Das Spektrum bei einem einzelnen Umlenkhaken reicht somit von akzeptabel bis bedenklich.

Oberste Zwischensicherung

Steckt oben nur ein Haken, hänge ihn mit Verschlusskarabiner oder zwei parallelen Exen ein. Sorge in diesem Fall außerdem dafür, dass die oberste Zwischensicherung eingehängt bleibt. Ggf. muss der Topropende sie während des Kletterns in den gegenläufigen Seilstrang umclippen.

Ähnlich wie mit nur einem Haken verhält es sich mit einem einzelnen Umlenkkarabiner. Ein Safebiner ist deutlich besser als beispielsweise ein Twistlock. An einem einzelnen fixierten Stahlschnapper zu topropen wird ebenfalls nicht empfohlen. Bedenke, dass fixe Umlenkkarabiner oft eingeschliffen sind, wodurch sich ihre Festigkeit früher oder später gefährlich reduziert. Also Augen auf und abwägen. Was gar nicht geht, ist Toprope an einer einzelner Exe.

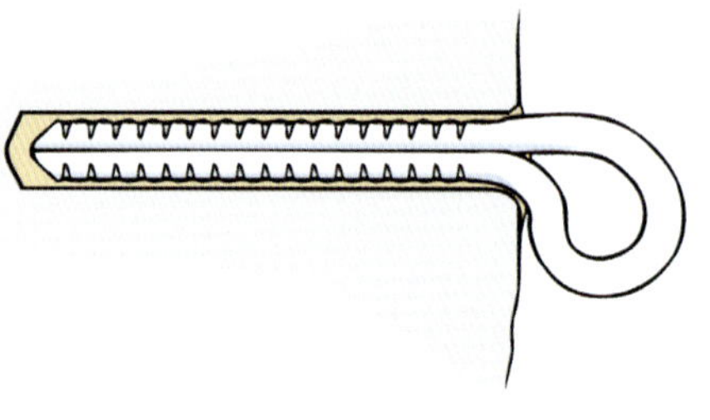

Mit Verbundmörtel eingeklebter Bühlerhaken

Fädeln

- Sichere dich an der Umlenkung. Sichere das Seil. Binde dich aus, fädle das Seil (Metallöse!) und binde dich wieder ein.
- Redundanz durch Seilfixierung im Sicherungsring.
- Eine aus Exen bestehende Selbstsicherung nicht entlasten.
- Kein Kommando »Stand«!

Diese Technik ist zwar bereits in »Indoor-Klettern« (DAV 2023) beschrieben, wird aber hier wegen der hohen Relevanz erneut behandelt. Draußen sind in der Regel keine Expressschlingen an der Wand. Du musst also deine eigenen benutzen und sie am Ende wieder einsammeln. Außerdem gibt es an der Umlenkung oft keinen fixierten Karabiner, sondern lediglich einen Metallring, einen Ringhaken oder ein geschlossenes Kettenschraubglied (Maillon rapide). Durch diesen oder dieses musst du dein Seil fädeln.

Es kommt nur noch selten vor, dass du oben lediglich Seil- oder Bandmaterial vorfindest. Trotzdem oder gerade deswegen sei hier nochmals deutlich gesagt: Lasse keinesfalls über eine Schlinge oder über ein (z.B. um einen Baum geknotetes) Seilstück ab. Drei Meter flottes Tempo unter Last, und das unbewegte Seil- oder Bandmaterial ist durchgebrannt.

Arbeitsschritte beim Fädeln

Du willst also dein Seil durch die Umlenköse fädeln. Dafür musst du die sichere Verbindung zu deinem Partner vorübergehend lösen. Benutze deshalb ein redundantes System, bei dem zwei unabhängige Bestandteile versagen müssten, bevor du abstürzt. Damit die beschriebene Vorgehensweise redundant wirkt, muss die letzte bzw. oberste Zwischensicherung immer eingehängt sein.

Fixiere dich mit einer oder zwei Exen an der Umlenkung und belaste die Exe oder Exenkette. Entlaste dieses System nicht, bis du fertig bist. Lockere Exenketten können sich verkanten und beim Belasten ausklinken.

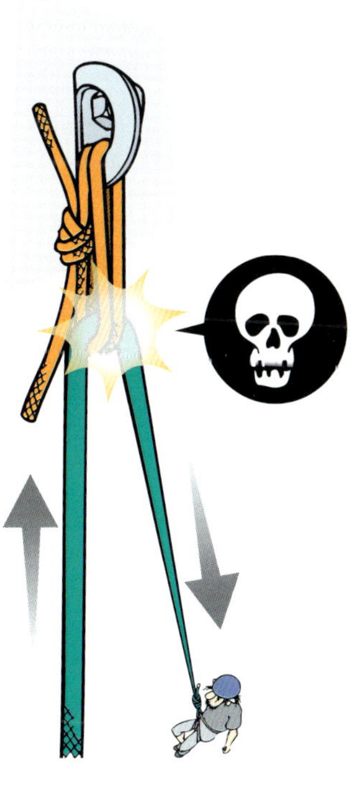

Niemals über Schlingen ablassen

Ziehe das Seil 1 – 2 m hoch und befestige es mit einem zusätzlichen Karabiner am Sicherungsring. Sofern die Exen unterhalb eingehängt sind, stellt diese Befestigung deine Hintersicherung dar. Beachte, dass eine Seilbefestigung in der Materialschlaufe deines Gurtes in diesem Sinne wertlos ist.

Binde dich aus, fädle das Seil durch die Öse und binde dich wieder ein. Löse die Seilbefestigung. Prüfe, ob alles passt. Gib das Kommando »Zu«. Sobald du spürst, dass dein Partner zugemacht hat, du mit vollem Gewicht im Seil hängst und deine Selbstfixierung (Exen) entlastet ist, löst du diese und gibst das Kommando »Ab«.

Am besten hast du mit deinem Partner bereits im Vorfeld geklärt, dass du abbauen wirst. Dann bedarf die Aktion keiner weiteren Kommunikation. Hüte dich in jedem Fall vor dem Kommando »Stand«. Bist du zufällig mit einem Alpinisten unterwegs, nimmt der dich ohne Rückfrage aus der Sicherung (vgl. Seite 47). Das kommt schlecht, wenn du anschließend abgelassen werden möchtest.

Alternative Fädelmethoden

Alternativ zur Selbstsicherung mit Exen kannst du eine Ankerstichschlinge mit Verschlusskarabiner benutzen (vgl. Selbstsicherung am Abseilstand, Seite 84). Die oben beschriebene Methode kommt aber mit weniger Extramaterial aus und ist ausreichend sicher (Redundanz).

Darüber hinaus gibt es eine zweite, grundsätzlich korrekte Fädel-Methode. Du bleibst zunächst eingebunden, ziehst das Seil doppelt durch die Öse, machst einen Sackstich in die durchgezogene Schlaufe und verbindest das Auge mittels Verschlusskarabiner mit dem Sicherungsring deines Gurtes. Danach bindest du dich aus und kannst nach erfolgreichem Belastungstest abgelassen werden. Da diese Methode aber bei kleinen Ösen nicht funktioniert und da sie circa 3 m Seil verbraucht, ist sie hier lediglich erwähnt.

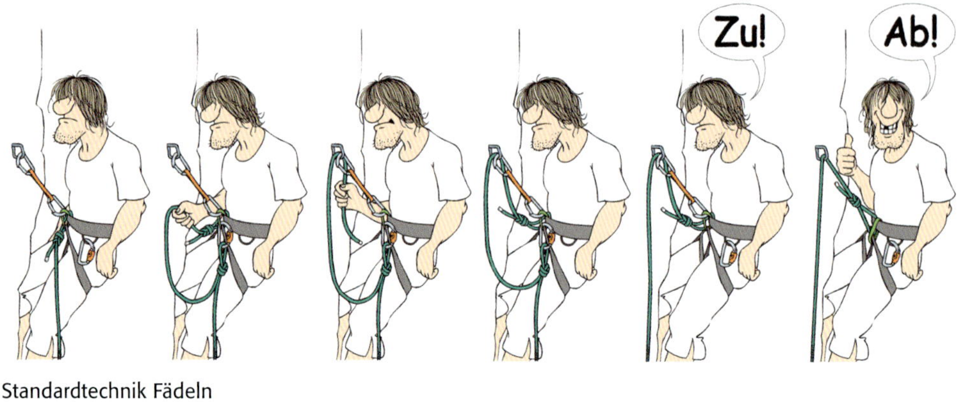

Standardtechnik Fädeln

Abbauen

- Bei schräg verlaufenden Routen eine Exe im Hüftgurt und im gegenläufigen Seilstrang einklinken.
- Diese Verbindungsexe vor Entfernen der untersten Zwischensicherung aushängen.
- Nach dem Aushängen besteht Pendelgefahr (beachte Hindernisse!).

Nachdem du gefädelt hast, sammelst du auf dem Weg nach unten dein Material ein. Verläuft die Route schräg, clippst du eine Exe in den Sicherungsring deines Gurtes und das zum Partner führende Seil (siehe Abbildung rechts). Auf diese Weise kommst du zwingend an jeder eingehängten Sicherung vorbei.

Verbindungsexe entfernen

Löse diese Verbindung, bevor du die letzte Exe aushängst. Tust du das nicht, besteht die Gefahr, dass du deinen Sicherungspartner aus dem Stand reißt. Bedenke die Pendelsituation. In welche Richtung wirst du pendeln und wie schnell bzw. wie weit? Ist die Bahn frei? Sofern du das Pendeln als kritisch einschätzt, kann es Sinn machen, weder die Verbindung noch die unterste Exe auszuhängen. Stattdessen

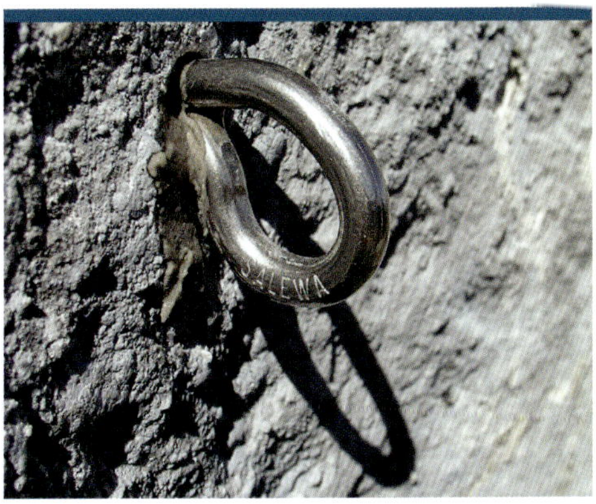

Verbundhaken im Fels

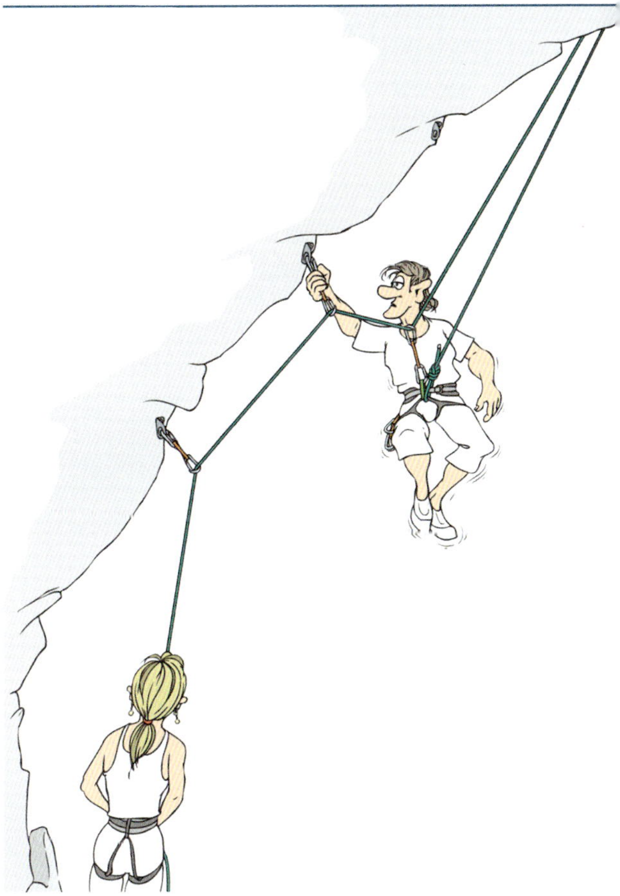
Abbauen schräger oder überhängender Routen

wirst du vollständig abgelassen und holst die Exe anschließend vom Boden aus.

Abbauen an Zwischensicherung

Problematisch kann sich das Abbauen gestalten, wenn du das Ende der Seillänge nicht erreichst und zum Rückzug an einer Zwischensicherung gezwungen bist. Sofern es sich um eine Rundstahlöse handelt, kannst du das Seil durch diese fädeln. In allen anderen Fällen besteht die eleganteste Methode darin, einen Karabiner zu opfern und über diesen abgelassen zu werden.

Abbauen langer Routen

Ist die Route zu lang, ist dein Seil zu kurz. Es würde beim Ablassen nicht mehr bis auf den Boden reichen. Du kannst in diesem Fall kein Toprope einrichten, es existiert aber eine brauchbare Lösung, um die Route abzubauen.

Du fädelst wie gewohnt, wirst bis zu einer geeigneten Zwischensicherung abgelassen und fixierst dich an dieser. Ausbinden, Seil oben abziehen, neu fädeln, abgelassen werden. Oder von hier aus abseilen, sofern die Hakenlasche das Ablassen nicht zulässt.

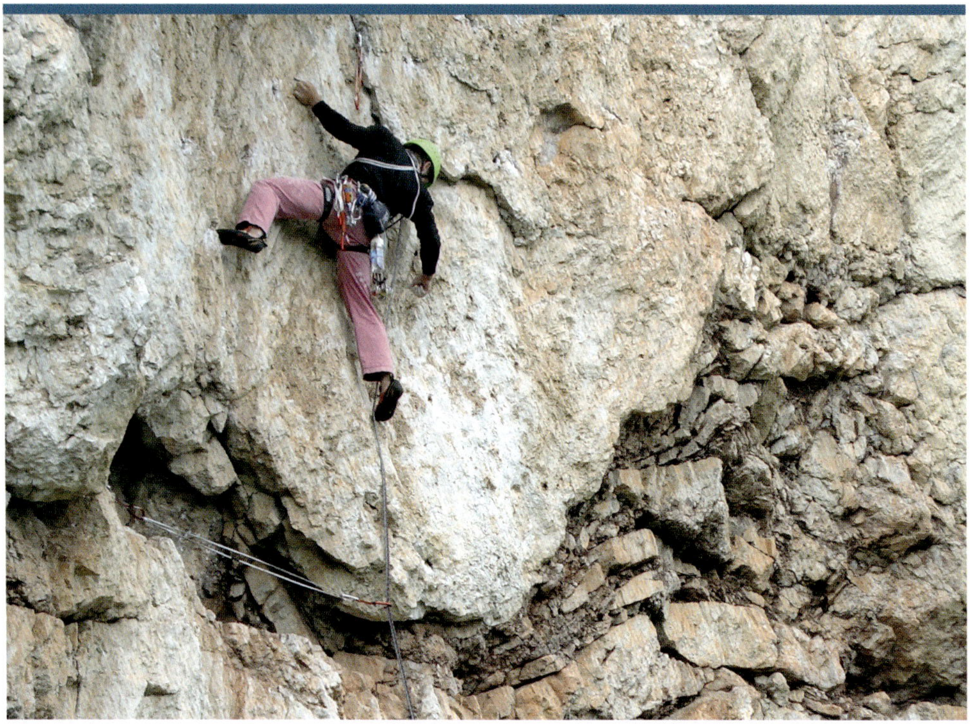

In langen Routen ist auch eine reibungsarme Seilführung von Bedeutung.

Abseilen

- Erforderlich bei Bäumen, Schlinge statt Metallöse und ggf. im Sandstein.
- Kommando »Stand«. Der Kletternde wird aus der Sicherung genommen.
- Knoten in den Seilenden. Verzichtbar, wenn beide Enden bis zum Boden reichen.
- Selbstsicherung mit Ankerstichschlinge und Verschlusskarabiner (nicht mit Exen).

Erste Wahl beim Sportklettern ist immer das Ablassen. Abseilen solltest du nur, wenn es die Situation zwangsweise erfordert. Die Technik ist nicht besonders schwierig – es gibt aber etliche Punkte, die du beachten musst.

Situationen, die Abseilen erfordern

Oben war bereits die Rede davon, dass Abseilen auch zum Abbauen genutzt werden kann. Obwohl Ablassen Standard ist, existieren mehrere Situationen, in denen du die Route mit Abseilen abbauen musst oder solltest.

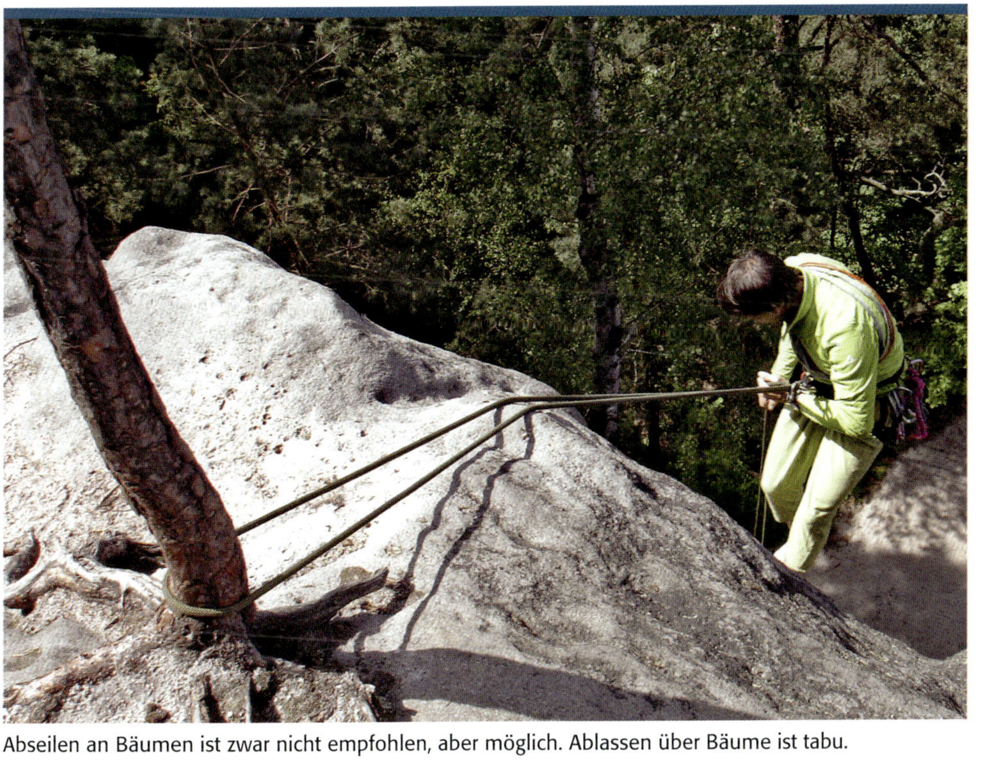

Abseilen an Bäumen ist zwar nicht empfohlen, aber möglich. Ablassen über Bäume ist tabu.

- Befindet sich oben anstelle einer geeigneten Metallöse lediglich eine Bandschlinge oder verknotetes Seilmaterial, ist Ablassen tabu (vgl. Fädeln, Seite 77).
- Auch wenn statt einer Öse lediglich eine (kantige) Bohrhakenlasche vorhanden ist, führt Ablassen zu deutlichem Seilverschleiß. Abseilen stellt dagegen kein größeres Problem dar.
- Häufig empfiehlt sich Abseilen auch in Sandstein. Liegt die Umlenkung etwas nach hinten versetzt und laufen beide Seilstränge am Fels entlang, werden Seil und Fels gleichermaßen geschädigt. Dein Seil scheuert am grobkörnigen Gestein entlang und fräst zunehmende Riefen hinein.
- Nach wie vor gibt es Fälle, wo du oben am Ausstieg lediglich einen Baum vorfindest. Beim Ablassen um den Baum entwickelt sich ausgesprochen viel Reibungswärme. Sie kann dazu führen, dass dein Seilmantel anschmilzt. Schnelles Ablassen über einen Baum ist somit eine »elegante« Methode, sein Seil innerhalb von zehn Sekunden zu ruinieren.

Darüber hinaus verbietet sich Ablassen über Bäume schon aus ökologischen Gründen. Es ist offensichtlich, dass Reibung und Hitze auch dem Baum zusetzen. Die Rinde wird geschädigt und früher oder später auch das darunterliegende »lebende« Kambium, das für das Wachstum und den Wasserhaushalt des Baumes zuständig ist.

Kommandos und Sicherheit

Abbauen mit Abseilen erfordert spezielles Material: Bandschlinge, Tube, zwei Verschlusskarabiner und Prusikschlinge mit Extrakarabiner. Du musst dieses Material mitführen und die Aktion bereits vorab geplant haben.

»Stand«

Oben angekommen, installierst du deine Selbstsicherung (siehe unten). Jetzt ist das Kom-

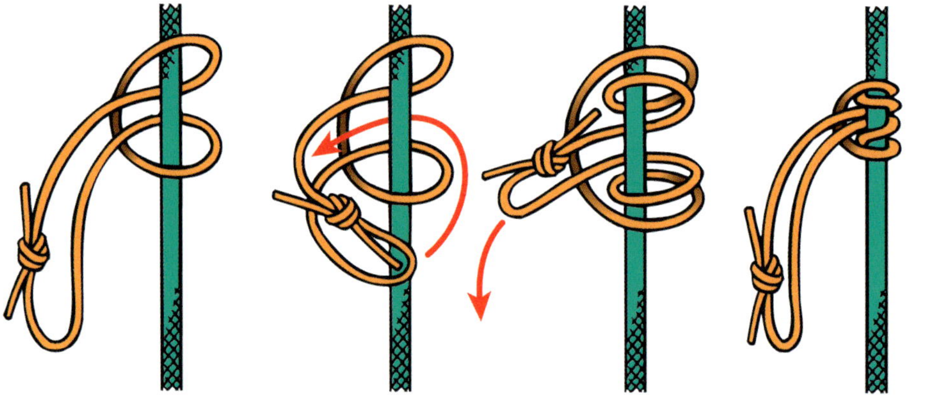

Prusikknoten legen

mando »Stand« angesagt, da dein Partner dich ja aus der Sicherung nehmen muss. Klassischerweise hängst du den Tube im Sicherungsring des Hüftgurtes ein. Achte darauf, dass die Seile »in Linie« verlaufen, sprich: dass die Bremsseile unten und die Führungsseile oben austreten, ohne dass du den Sicherungsring verdrehen musst.

Prusiksicherung

Hast du keine Prusiksicherung und lässt du die Seile los, fällst du runter. Aber auch, wenn du während des Abseilens die Seile in Ordnung bringen musst oder fotografieren willst, leistet der Prusik gute Dienste. Offen gehalten, gleitet er am Seil entlang, bei Belastung der Prusikschlinge klemmt er sich am Seil fest.

Bedenke auch, dass der Prusik das gesamte System hintersichert. Solltest du beim Einhängen irgendeinen Fehler gemacht haben, der dazu führt, dass dein Abseilgerät versagt oder sich ausklingt, sorgt eine korrekt angelegte Prusikschlinge immer noch für ein Backup.

Die Prusikschlinge wird mit einem Karabiner in eine der Beinschlaufen eingehängt. Bei der Längenabstimmung musst du besonders genau arbeiten. Ein zu kurzer Prusik lässt sich nicht weit genug lockern, um ihn reibungsarm am Seil entlanggleiten zu lassen. Das ist lästig, geht aber noch. Dagegen wird ein zu langer Prusik schlichtweg vor dem Tube hergeschoben. Er zieht sich nicht zu und ist vollkommen wirkungslos.

Knoten in den Seilenden

Frei in der Luft hängende Seilenden sollen zusammen oder einzeln mit Knoten versehen sein. Es gibt viele Unfälle, bei denen der Kletterer versehentlich über ein Ende hinaus abgeseilt hat. Beachte, dass auch ein Prusik dich nicht vor diesem Unfallmuster schützen kann. Was passiert, ist klar: Du belastest nur noch einen Strang und ziehst das Seil sozusagen im Freifall ab.

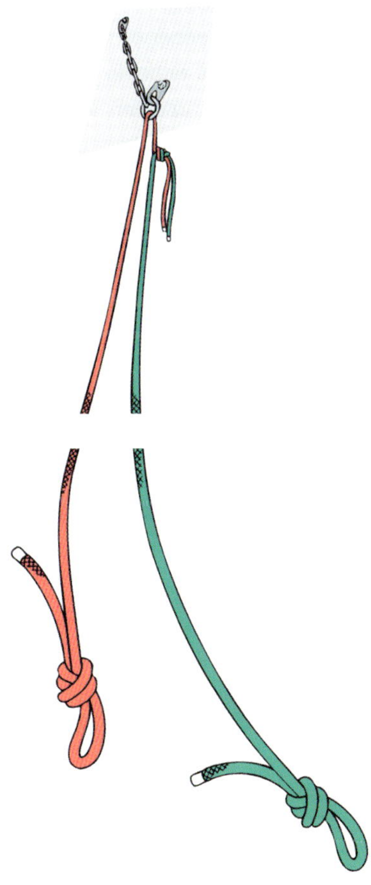

Knoten in den Seilenden

dass du mehr Platz für die Prusiksicherung hast, sprich: Das Problem einer unwirksamen (weil zu langen) Prusikschlinge kann leichter vermieden werden.

Dabei kann der Prusik auch im Sicherungsring des Gurtes (anstelle der Beinschlaufe) eingehängt werden.

Abbauen mit Abseilen

- Ausbinden und Seil bis zur Mitte fädeln (Mittelmarkierung!).
- Abseilgerät in den Sicherungsring und Prusik passender Länge in Beinschlaufe einhängen (Achtung, ein zu langer Prusik wird vor dem Tube hergeschoben und ist wirkungslos).
- Alles vorbereiten und vor dem Aushängen der Selbstsicherung prüfen (Belastungstest).

Fädle das Seil bis zur Mitte. Damit es nicht runterfallen kann, bietet sich bei entsprechend großer Öse die folgende Technik an. Noch eingebunden steckst du das Seil doppelt durch die Abseilöse. Ziehe den beweglichen, nicht mit dir verbundenen Seilstrang bis zur Seilmitte durch die Öse.

Binde dich aus und lasse dein Seilende durch die Öse flutschen. Gegebenenfalls Knoten rein, bevor du es fallen lässt (vgl. oben).

Warne die Untenstehenden vorab durch das Kommando »Achtung Seil«. Gib ihnen danach ausreichend Zeit, sich aus der Gefahrenzone zu bewegen.

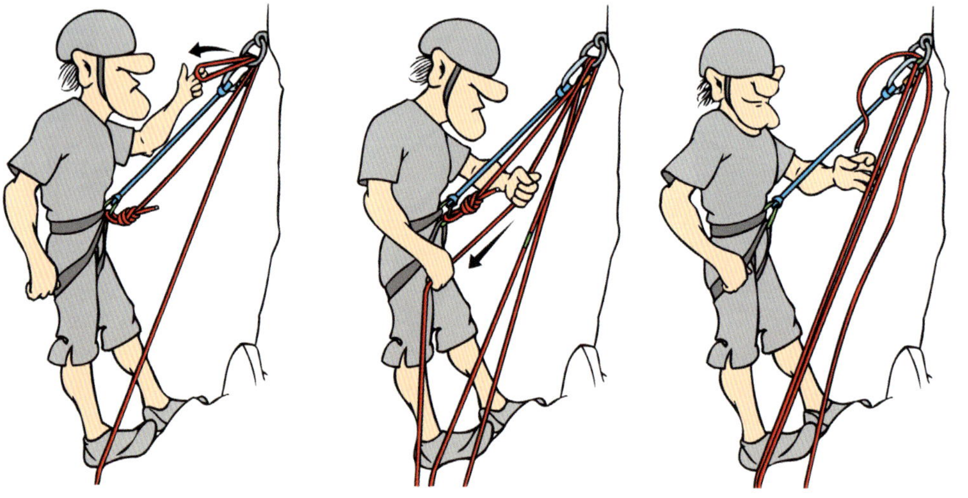

Seil zum Abseilen fädeln

Reihenfolge beim Seile-Einlegen

Installiere den Prusik, ziehe einen Meter Seil hoch und hänge anschließend das Abseilgerät ein. Diese Reihenfolge macht Sinn, da sich lockere Seile wesentlich leichter einlegen lassen als nach unten gespannte Stränge.

Prüfe, ob alles korrekt eingehängt ist, entlaste zunächst deine Selbstsicherung und hänge dich mit vollem Gewicht in das aufgebaute Abseilsystem (Belastungstest). Löse anschließend deine Selbstsicherung, seile ab und sammle die Exen ein.

Exen anpendeln

Außerhalb deiner Abseillinie befindliche Exen musst du anpendeln. Gegebenenfalls kann dir dein Partner dabei durch Zug am entsprechenden Seilstrang behilflich sein.

Abgesehen davon, dass das Anpendeln der Exen mühsam ist, beinhaltet es eine ernste Problematik. Das Seil rutscht beim Pendeln gerne irgendwo oberhalb am Fels hin und her. Da braucht es dann nur noch an der richtigen Stelle ein scharfes Felskäntchen, und dein Seilmantel hat hinterher deutliche Macken. Mit Ablassen wäre das nicht passiert!

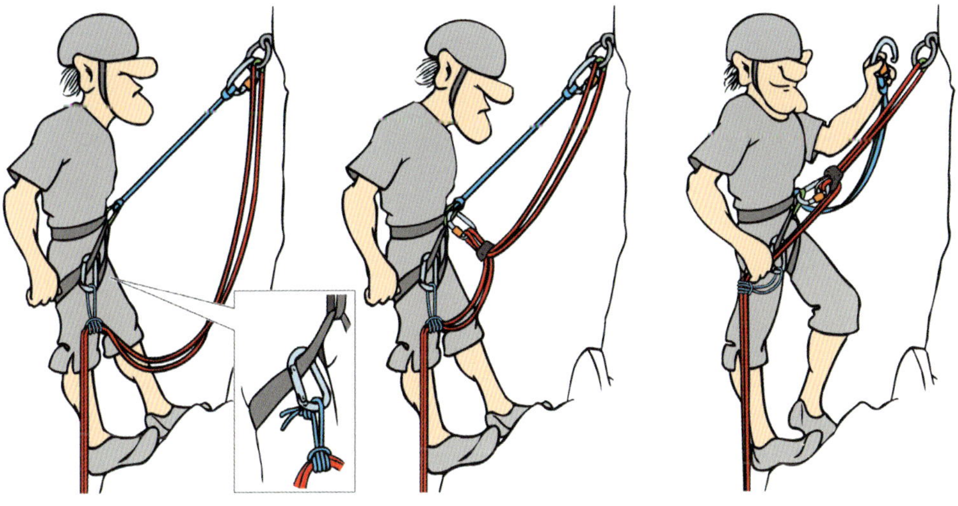

Reihenfolge der Aktionen beim Abseilen

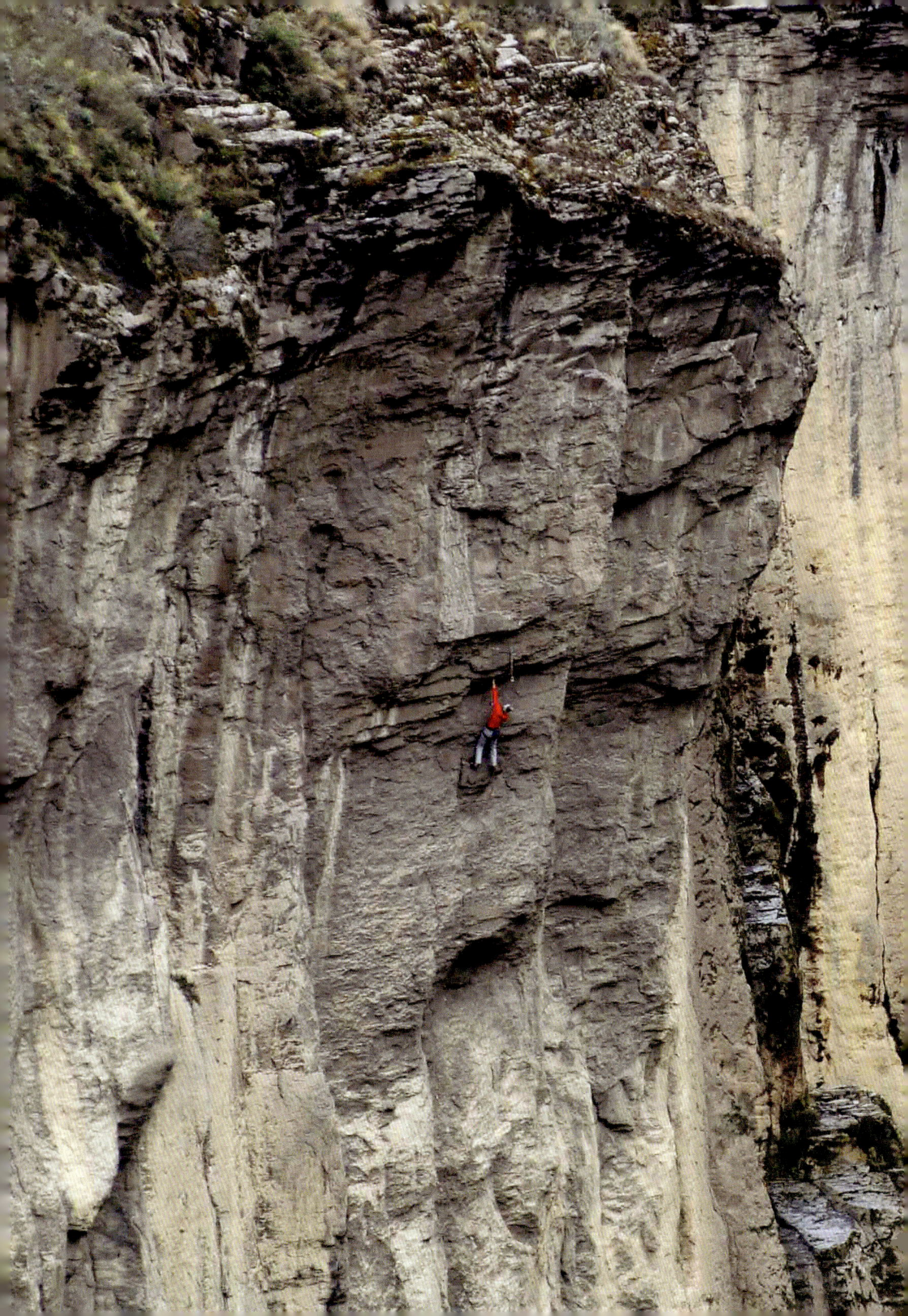

Weiterführende Sicherungstechniken

Sportkletterrouten sind in der Regel ausreichend mit Bohrhaken gesichert. Schwere Routen werden schon seit Langem so eingerichtet, dass man sie ohne allzu großes Risiko klettern kann – sofern man den Schwierigkeitsgrad beherrscht wohlgemerkt. Aktuell werden auch leichte Neutouren in der Regel gut mit Bohrhaken ausgestattet. Das macht Sinn, denn warum soll der Einstieg ins Draußen-Klettern gefährlicher sein als das Klettern im Highend-Bereich.

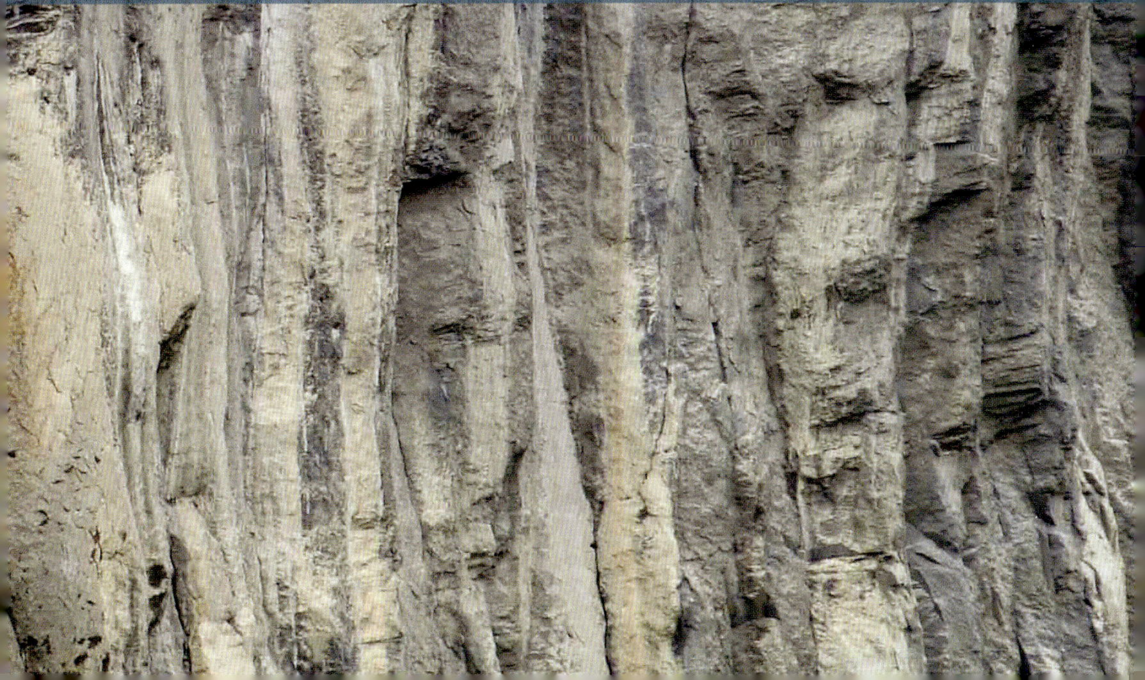

Klemmkeile und Cams

Historisch bedingt existieren in traditionellen Gebieten wie Frankenjura oder Pfalz viele klassische Routen, die man nach heutigem Standard als »nicht ausreichend gesichert« bezeichnen muss. Diese Tatsache hängt damit zusammen, dass die leichten Routen früher zum Aufwärmen oder als Training für spärlich gesicherte alpine Routen dienten. Jedes Gebiet besitzt seine Tradition und bisweilen sogar eine eigene Kletterethik. Außerdem erleben es viele Kletterer als besonderen Reiz, auch »Klassiker« zu klettern, die sie ganz oder teilweise selbst absichern müssen. Die Lösung des Problems besteht somit nicht darin, solche »Wege« komplett mit zusätzlichen Bohrhaken nachzurüsten. Meist lassen sich die Routen mit mobilen Sicherungen zusätzlich absichern.

Zusätzliche Sicherungen?

Im Rahmen der Routenbeurteilung (vgl. Seite 31) prüfst du, ob die beabsichtigte Route zusätzliche Sicherungen erfordert. Ist dies der Fall, solltest du verzichten oder in der Lage sein, die notwendigen mobilen Sicherungen anzubringen. Im Rahmen des Outdoor-Kletterscheins wird nicht auf Keile und Klemmgeräte (Cams) eingegangen – in diesem Zusammenhang sei auf weiterführende Kurse verwiesen.

Klemmkeile gibt es in recht unterschiedlichen Formen. Ausgangsbasis für diese Artenvielfalt sind die unregelmäßig sechseckigen »Hexentrics« und die doppelkonischen »Stopper«. Letztere sind mit einem Drahtkabel ausgestattet.

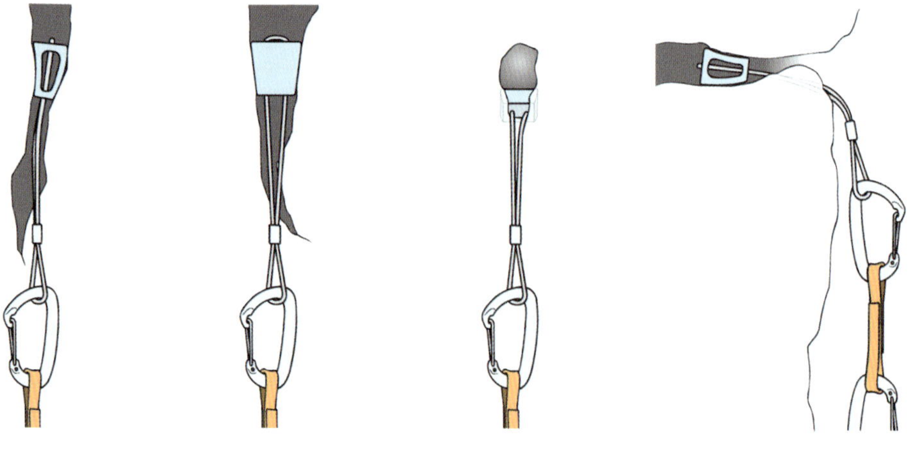

Unterschiedliche Platzierungsmöglichkeiten für Klemmkeile

Keile

Keile legst du primär in sich verengende Risse. Wichtig dabei sind die folgenden Punkte.

- Die Verengung muss der Belastungsrichtung entsprechen.
- Der Keil soll möglichst flächig anliegen (vor allem im unteren Drittel).
- Das Gestein ist solide.

Die Grafik links zeigt einige unterschiedliche Platzierungsmöglichkeiten. Es kommt vor, dass ein Keil durch Seilbewegungen herausgehebelt wird. Deshalb soll er nach dem Legen etwas festgezogen und mittels Exe eingehängt werden.

Die Exe wirkt als Verlangerung und als Gelenk. Der Keil hat dadurch mehr Chancen, in seiner Position zu bleiben. Verlängere einen Keil nie mittels Ankerstichschlinge (vgl. Bandschlingen, Seite 40).

Cams

Cams gehen auf den in den 1970er-Jahren erfundenen »Friend« zurück. Bei ihm, wie bei den meisten aktuellen Modellen, werden zwei spiralförmige Segmentpaare gegeneinander verspreizt. Es gibt Cams mit mehrgliedrigen Segmenten (Link-Cam) und zweiachsige Typen (Camalot).
Als Basisausstattung können vier bis fünf größenmäßig abgestimmte Drahtkabelstopper mittleren Formats und ein bis zwei Cams (z. B. 0,75 und 1 Inch) empfohlen werden.

Im Gegensatz zu Keilen halten Cams auch in parallelen Rissen.

- Alle Segmente müssen am Fels anliegen.
- Lege Cams nicht in zu engen Rissen, da sie sich sonst beim Entfernen verklemmen können.
- Lege sie nicht in zu breiten Rissen. Durch Seilbewegungen kann der Cam »wandern« und wenn die Segmente ganz offen sind, verliert er seine stabile Position.

Ähnlich wie Keile bewirken auch Cams eine starke Sprengwirkung auf den Fels, wenn sie belastet werden. Das Gestein muss also solide sein. Beachte, dass Cams in unregelmäßigen Löchern zwar leicht zu platzieren sind, es aber schwierig ist, ihre Qualität zu beurteilen. Sie sind für klare Rissstrukturen konzipiert und in diesen halten sie auch recht verlässlich. Im Gegensatz zu Keilen kannst du sie auch in vollkommen parallelen Rissen einsetzen.

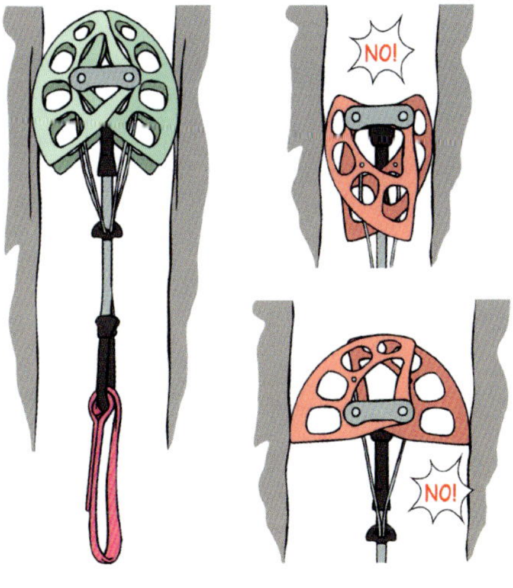

Cams bieten sich für parallele Risse an.

Reihenschaltung

Ein weiteres beim Outdoor-Kletterschein nicht behandeltes Thema ist Sichern vom Stand aus. Das Thema ist bei Mehrseillängenrouten enorm wichtig und spielt beim Sportklettern eine Rolle, wenn du die Seillänge hochgeklettert bist und deinen Partner von oben aus nachsichern möchtest. Das Thema hat viele Facetten und wird hier lediglich gestreift. Mache dich bei Interesse mit geeigneter, weiterführender Literatur vertraut oder besuche einen entsprechenden Kurs.

Hier wird lediglich das Prinzip des Zentralpunktes erläutert und wie du zwei Haken mit der sogenannten Reihenschaltung verbindest. Außerdem die Frage, wie du deinen Nachsteiger von oben aus sicherst. Dieses Wissen genügt, um die beschriebene Sportklettersituation lösen zu können.

Lehrmeinung Standplatzbau an Bohrhaken

Zentralpunkt

Aus Redundanzgründen soll ein Stand immer zwei Fixpunkte aufweisen. Die Grundidee besteht darin, beide Fixpunkte zu einem gemeinsamen Punkt zusammenzuführen. An diesem Punkt hängst du selbst, und an diesem Punkt wird auch die Partnersicherung eingehängt. Der »Punkt« kann aus dem Ring eines soliden Ringhakens, einer kleinen Seilschlaufe oder einem Verschlusskarabiner bestehen und wird »Zentralpunkt« genannt.

Reihenschaltung mit Seil

Hänge einen Verschlusskarabiner in den unteren der beiden Haken und fixiere dein Kletterseil mit Mastwurf oder Sackstich. Richte

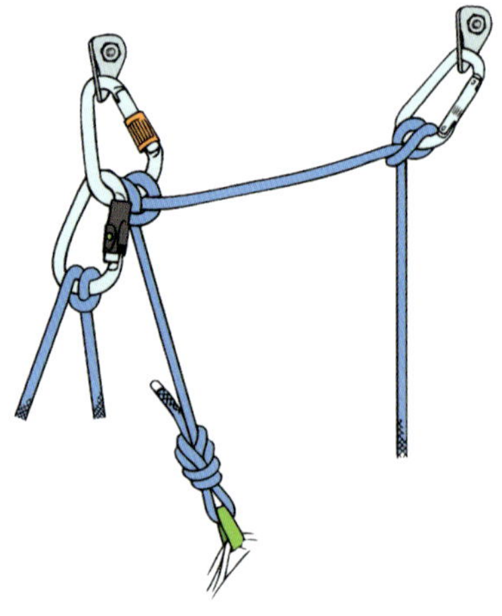

Verschlusskarabiner als Zentralpunkt

es gleich so ein, dass du diese Selbstsicherung belasten kannst und gleichzeitig bequem stehst. Anschließend hängst du das zum Partner führende Seilstück mit Mastwurf und einem weiteren Karabiner im oberen Haken ein. Spanne die Verbindung so, dass der untere Bohrhaken belastet wird, allerdings kein Schlappseil zum oberen Bohrhaken besteht – fertig ist deine Reihenschaltung. Das weiche Auge oder der Verschlusskarabiner im unteren Haken ist dein Zentralpunkt.

Nachsichern von oben

Sei es, dass du aus irgendwelchen Gründen auf den Felskopf willst oder musst. Oder sei es, dass du dein ganzes Seil ausgegangen bist und jetzt nachsichern möchtest. Vergiss in solchen Situationen die Körpersicherung. Stelle dir vor, dein Partner stürzt. Dann hängst du verzurrt in deiner Selbstsicherung und bist weitgehend aktionsunfähig. Deswegen ist hier die Fixpunktsicherung am Zentralpunkt Standard, entweder mit HMS oder Tubes mit Plattenfunktion.

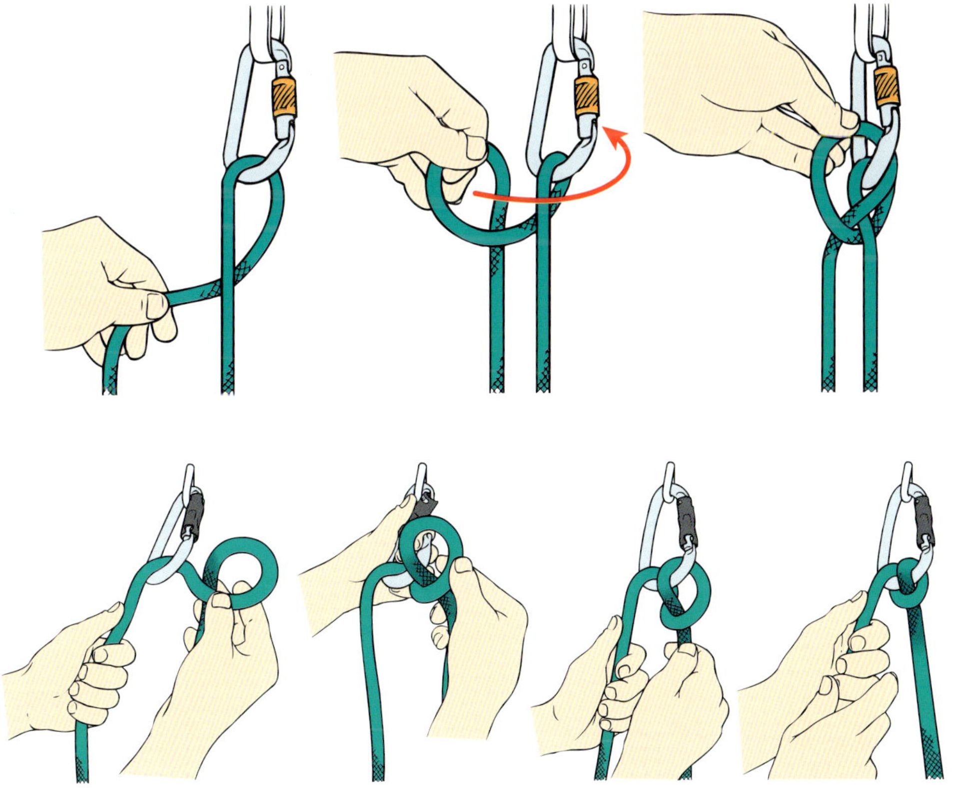

Oben: Mastwurf legen. Unten: Halbmastwurf legen

Falltest, Sicherungs- und Sturztraining (SuST)

Den Fähigkeiten beim Sichern und Stürzen sind keine Grenzen gesetzt. Und genau wie sich die Kletterleistung verbessert, sollten Kletterer auch daran arbeiten, ihre Sturz- und Sicherungsfähigkeiten weiter zu entwickeln. Grundsätzlich lassen sich SuST in drei Stufen gliedern:

Stufe 1: Im Rahmen eines Kurses zum Topropeschein wird lediglich ein »Falltest« durchgeführt. Der Sichernde soll die dabei auftretenden Kräfte erfahren, der Kletterer soll Vertrauen ins Sicherungssystem bekommen und lernen, den Körper in kurzen Flugphasen stabil zu halten.

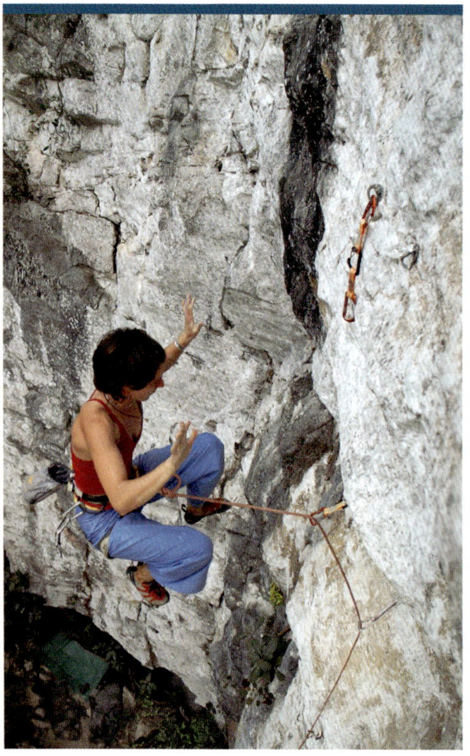

Schwer klettern bedeutet ans Limit gehen.

Stufe 2: Im Vorstiegskurs wird zum ersten Mal über die Zwischensicherung hinausgeklettert. Ab jetzt sind auch Vorstiegsstürze möglich. Sichernder und Kletterer müssen erlernen mit dieser Situation korrekt umzugehen. Deshalb sollte ein langsames Herantasten an kleinere Vorstiegsstürze Bestandteil eines Vorstiegskurses sein. Der Sichernde macht hierbei die ersten Erfahrungen mit dynamischem Sichern, der Kletterer verbessert sein Absprung- und Landeverhalten. Beide lernen Sturzweiten und Bremswege besser einzuschätzen.

Stufe 3: Das daran anschließende Feld der Sicherungstrainings ist weit. Nach den ersten Erfahrungen im Vorstiegsskurs kann beim Sichernden an der optimalen Körperdynamik gearbeitet werden. Die Körperdynamik kann um die Sensorhanddynamik erweitert werden. Der perfekte Sichernde schließlich kann in unterschiedlichsten Reibungs- und Gewichtssituationen zu jedem Zeitpunkt einer Begehung optimal weich oder notwendig hart sichern. Der Kletterer kann lernen, den Anprallimpuls Richtung Wand durch sein Absprungverhalten auf ein Minimum zu reduzieren und der Sturzprofi schließlich kann dies sogar aus fast unkontrollierten »Abgängen« heraus noch beeinflussen.

Die Basisausbildung im Sichern und Stürzen sollte an künstlichen Kletteranlagen erfolgen. Soll ein SuST am Naturfelsen durchgeführt werden, sollten folgende Themen beachtet werden:

SuST bis zur Stufe 2 wird in der Regel bei Kletteranfängern durchgeführt. Das bedeutet, die Teilnehmer klettern in der Regel im 4. bis maximal 6. Schwierigkeitsgrad. An den meisten Naturfelsen sind Routen in diesen Schwierigkeitsgraden entweder geneigt oder stark strukturiert, verlaufen durch Verschneidungen oder über Absätze, haben größere Hakenabstände oder Felskanten, an denen Seile beschädigt werden können. In diesem Gelände sollte in der Regel versucht werden, das Stürzen zu vermeiden, da erhebliches Risiko durch An- oder Aufprall besteht. Häufig wird erst ab dem 7. Schwierigkeitsgrad das Gelände am Naturfels sturzfreundlicher. Kletterer, die im 7. Grad und schwerer klettern, stellen jedoch in der Regel eher die geeignete Klientel für das SuST ab Stufe 3 dar.

Redundanz

In den Kletterhallen sind die Sicherungspunkte meist genormt und werden vom Hallenbetreiber regelmäßig überprüft. Die Expressschlingen sind üblicherweise fest verbaut, sodass ein versehentliches Aushängen ausgeschlossen werden kann. Selbst wenn eine Zwischensicherung versagen sollte, befindet sich die nächste so knapp unterhalb, dass sie als Redundanz betrachtet werden kann. Am Naturfels sind die Hakenabstände in der Regel größer, beim Versagen einer Zwischensicherung nimmt die Gefahr eines Bodensturzes deutlich zu. Auch das Risiko eines Hakenausbruchs sollte immer mit einkalkuliert werden. Deshalb muss an Naturfels immer mit Redundanz gearbeitet werden, sowohl im Hinblick auf ein mögliches Aushängen der Expressschlinge aus dem Haken, als auch bezüglich des Hakens selbst.
Eine Möglichkeit, das Aushängen der Expressschlinge zu verhindern, ist der Einsatz von Expressschlingen, die – idealerweise beiderseits – mit Verschlusskarabinern ausgestattet

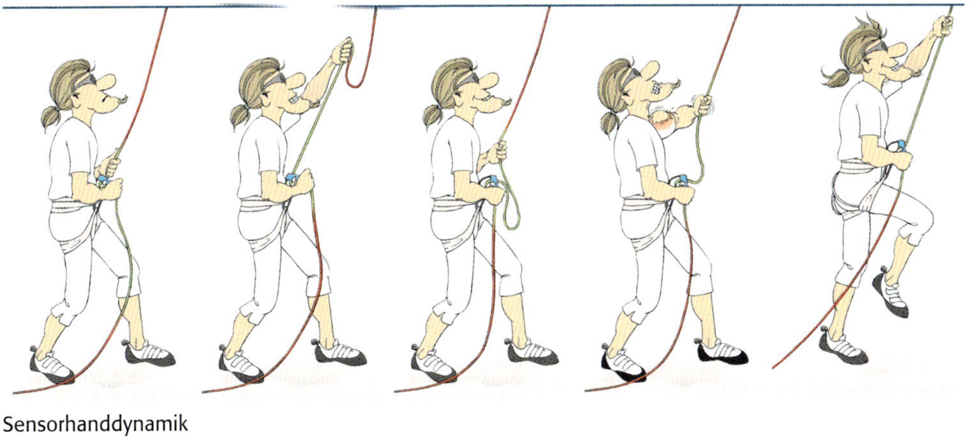

Sensorhanddynamik

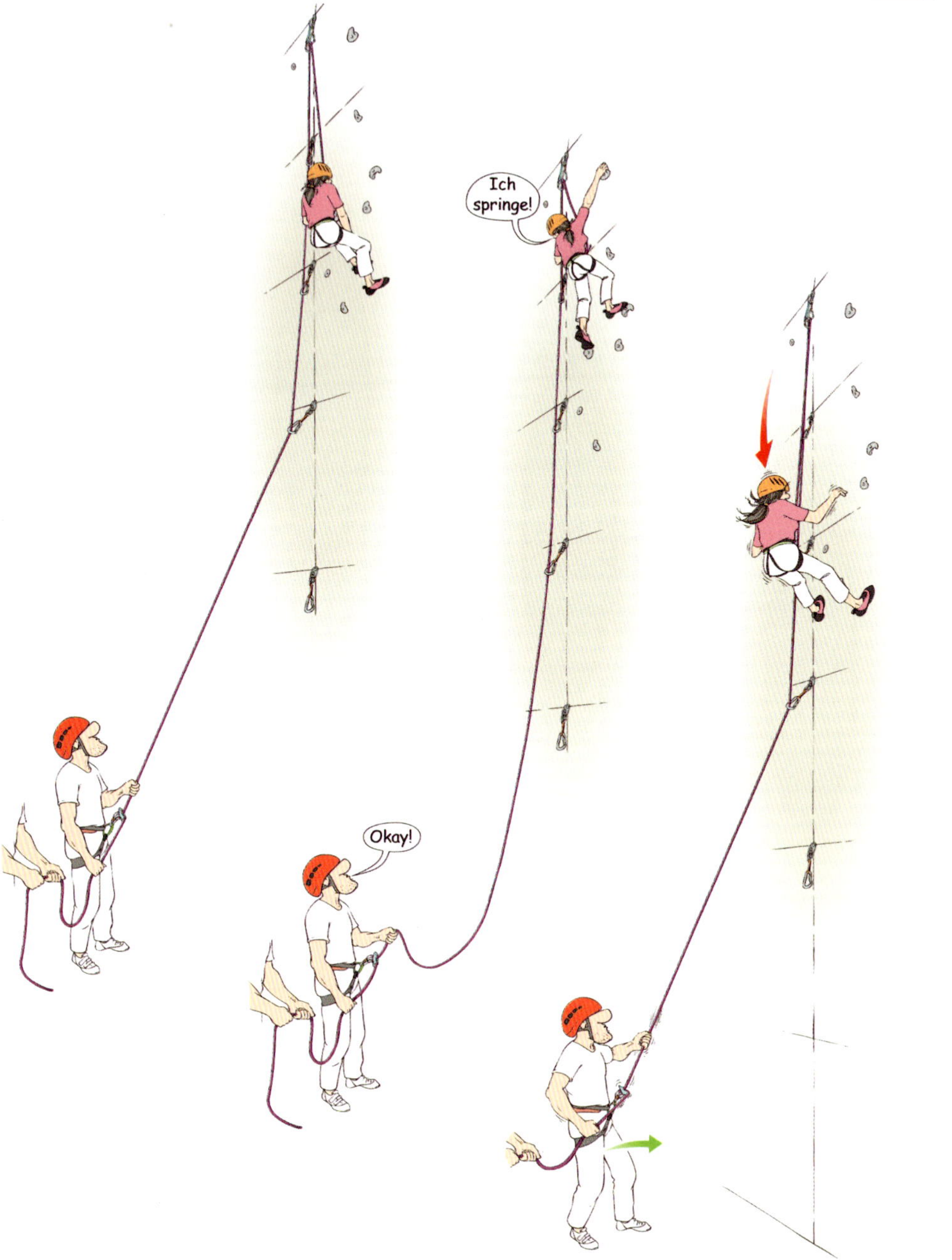

Falltest

sind. Dabei ist darauf zu achten, dass der Verschlusskarabiner über den gesamten Zeitraum des SuST geschlossen bleibt. Wird ein Schraubverschluss verwendet, sollte der Karabiner so orientiert sein, dass der Verschluss in Drehrichtung nach unten verschließt. Außerdem sollte der Karabiner gegen Verdrehen in der Expressschlinge gesichert sein.

Eine weitere Möglichkeit ist die Verwendung von zwei gegenläufigen, unterschiedlich langen Expressschlingen. Die kürzere, belastete Expressschlinge sollte dabei wandseitig im Haken liegen. Bei dieser Variante muss darauf geachtet werden, dass das Auge des Hakens groß genug für zwei Karabiner ist und es nicht zu Biegebelastungen der Karabiner kommt. Eine Redundanz für den Fall des Hakenausbruchs findet idealerweise analog zur Situation in KKA über den darunterliegenden Haken statt, ein Bodensturz muss auch bei Versagen des Sturzhakens ausgeschlossen sein. Dies erfordert allerdings sehr kurze Hakenabstände, die man am Naturfels häufig nicht vorfindet. In der Regel baut man daher die Redundanz durch Verlängern des nächsthöheren Hakens auf. Da die Hakenabstände oft mehrere Meter betragen muss entsprechendes Material, das über die normale Sportkletterausrüstung hinausgeht, eingeplant werden. Ideal ist dazu eine Kette aus 60er- oder 120er-Bandschlingen und Verschlusskarabinern (Metall – Textil – Metall). Auch für Klebehaken sollte eine Redundanz geschaffen werden, da auch die Sicherheit von Klebehaken von der Qualität der Anbringung abhängig ist und die korrekte Beurteilung von Hakenmaterial ein sehr hohes Maß an Erfahrung erfordert. Haken, die als Umlenkung für ein SuST verwendet werden, sollten vorher und während der Durchführung immer wieder auf ihren Zustand hin überprüft werden: Ist er normkonform? Hat er Schäden wie Korrosion, Risse etc.? Wurde er korrekt gesetzt und wie ist die umliegende Gesteinsqualität? Besteht eine Biegebelastung des eingehängten Karabiners? Ist die Mutter angezogen und hat sie sich nicht im Verlauf des SuST gelockert?

Sturzgelände

Vor allem die korrekte Geländewahl ist beim SuST am Naturfels wichtig – und schwierig. Das Gelände sollte senkrecht bis leicht überhängend sein, die Schwierigkeit so, dass sich der Kletterer entspannt bewegen und auf das Stürzen konzentrieren kann. Die Kommunikation zwischen Sicherndem und Kletterer, akustisch wie optisch, sollte sichergestellt sein. Das heißt in der Umgebung sollten sich keine störenden Lärmquellen wie ein lauter Bach, andere Kletterer etc. befinden und die Zwischensicherung, in die gestürzt werden soll, sollte nicht unter 8–10 m, aber auch nicht deutlich über 15 m sein. Im Seilverlauf dürfen sich keine scharfen Kanten befinden und die Reibung im System sollte nicht zu hoch sein. Der Sturzraum muss frei sein von Bäumen oder störenden Geländeformen. Der Sichernde muss sich am Boden frei bewegen können, ohne über Wurzeln oder Felsblöcke zu stolpern und für die aktive Körpersicherung muss genügend freier Raum nach oben vorhanden sein. Überhänge direkt am Einstieg erschweren das Üben von Körperdynamik und bergen das Risiko von Anprall und Kopfverletzungen. Das komplette Hakenmaterial muss in einwandfreiem Zustand sein und die Hakenabstände sollten nicht zu groß sein.

Das SuST soll keinesfalls dazu dienen, gefährliche Szenarien zu üben. Dazu gehören bodennahes Stürzen, Stürzen beim Clippen, Stürzen in flaches Gelände oder über Bändern, hart sichern oder blind sichern. Zwar ist es insbesondere am Naturfels möglich, im Laufe der Kletterkarriere mit solchen Situationen konfrontiert zu werden, diese Situationen sind jedoch nicht die Regel, sondern gefährliche Grenzsituationen, die selten vorkommen (sollten).
Aufgrund des hohen Verletzungsrisikos sollte man diese nicht explizit üben. Ein routinierter Umgang mit der Standardsituation eines SuST erlaubt auch einen größeren Handlungsspielraum in Grenzsituationen.

Voraussetzungen

Sichernder und Kletterer beherrschen den Ablauf beim Vorstiegsklettern am Naturfels stressresistent. Beide haben Erfahrung mit dem Stürzen und Halten von Stürzen, und der Gewichtsunterschied zwischen Kletterer und Sicherndem ist zwischen 5 und maximal 10 Kilogramm. Die Geländewahl entspricht den oben genannten Voraussetzungen.

Ziel

Kletterer und Sichernder lernen, ihr Sturz- und Sicherungsverhalten an die veränderten Bedingungen draußen anzupassen. Sie lernen das Gelände bezüglich seiner Eignung zum Stürzen zu beurteilen und erkennen Gefahren, die zum Versagen des Systems führen können.

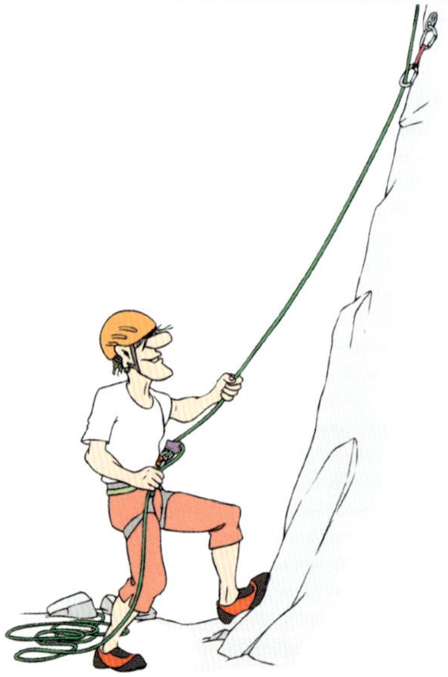

Position und Haltung bei einliegender Route

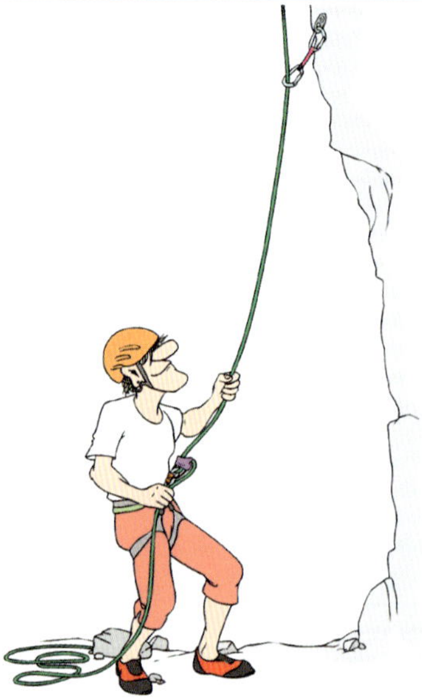

Position und Haltung bei überhängender Route

Methodischer Aufbau

Geländebeurteilung

Routenauswahl nach den oben genannten Kriterien. Die Teilnehmer werden mit einbezogen und sollen selbstständig Routen und Bereiche identifizieren, die zum Stürzen geeignet bzw. ungeeignet sind.

Einrichten

Die Route, in der gestürzt werden soll, wird am besten zunächst im Toprope eingehängt und geklettert. Aus dem Hängen im Toprope heraus werden die Haken beurteilt und schließlich wird mittels eines zweiten Seils der Trainingsaufbau eingerichtet. Das bedeutet, die Redundanz für den Sturzhaken wird aufgebaut, die Umlenkexpressschlinge wird vorbereitet und die Zwischensicherungen darunter werden optimal verlängert und eingehängt. Bis zur Umlenkexpressschlinge wird Toprope geklettert, die unteren Zwischensicherungen bleiben eingehängt. Vor dem ersten Durchlauf wird das System einmal belastet. Dazu klettert der Kletterer bis etwa in Höhe des ersten Hakens, der Sichernde macht auf Kommando zu und lässt den Kletterer langsam ab. Es wird beobachtet, wie groß die Reibung im System ist, und ob das Seil über scharfe Kanten oder andere Gefahrenstellen läuft.

Sicherungsaufgaben

Wie in der zweiten Stufe des SuST wird nun der steigernde Falltest durchgeführt. Der Kletterer klettert bis an den Sturzhaken heran, auf Kommando macht der Sichernde ZU. Der Kletterer wird bis auf Höhe der zweiten Zwischensicherung oder auf mindestens 5m abgelassen und der Sichernde macht eine Sackstichschlaufe unterhalb des Geräts in Bremsseil. Dieser Knoten stellt die Hintersicherung für den Fall eines Sicherungsfehlers dar. Nun klettert der Kletterer wieder an den letzten Haken heran. Etwas unterhalb des Hakens macht der Sichernde auf Kommando ZU und der Kletterer setzt sich ins Seil. Anschließend entlastet der Kletterer das System wieder und klettert ein bis zwei Züge nach oben – der Sichernde zieht das Seil dabei nicht ein – und lässt sich fallen. Diese Übung wird nun steigernd wiederholt, das bedeutet, der Kletterer klettert bei jedem Durchgang einen Zug weiter nach oben und lässt sich fallen. Wie in der zweiten Stufe des SuST indoor kann der Sichernde versuchen, an seiner Körperdynamik zu arbeiten, und der Kletterer arbeitet an seinem Absprungverhalten.

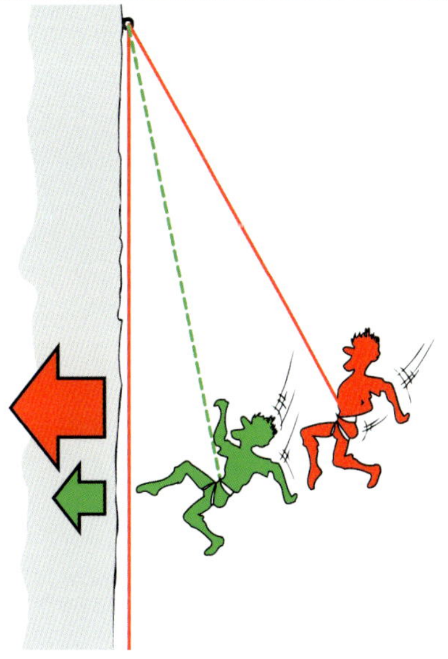

Wer stark nach hinten abspringt, prallt härter an.

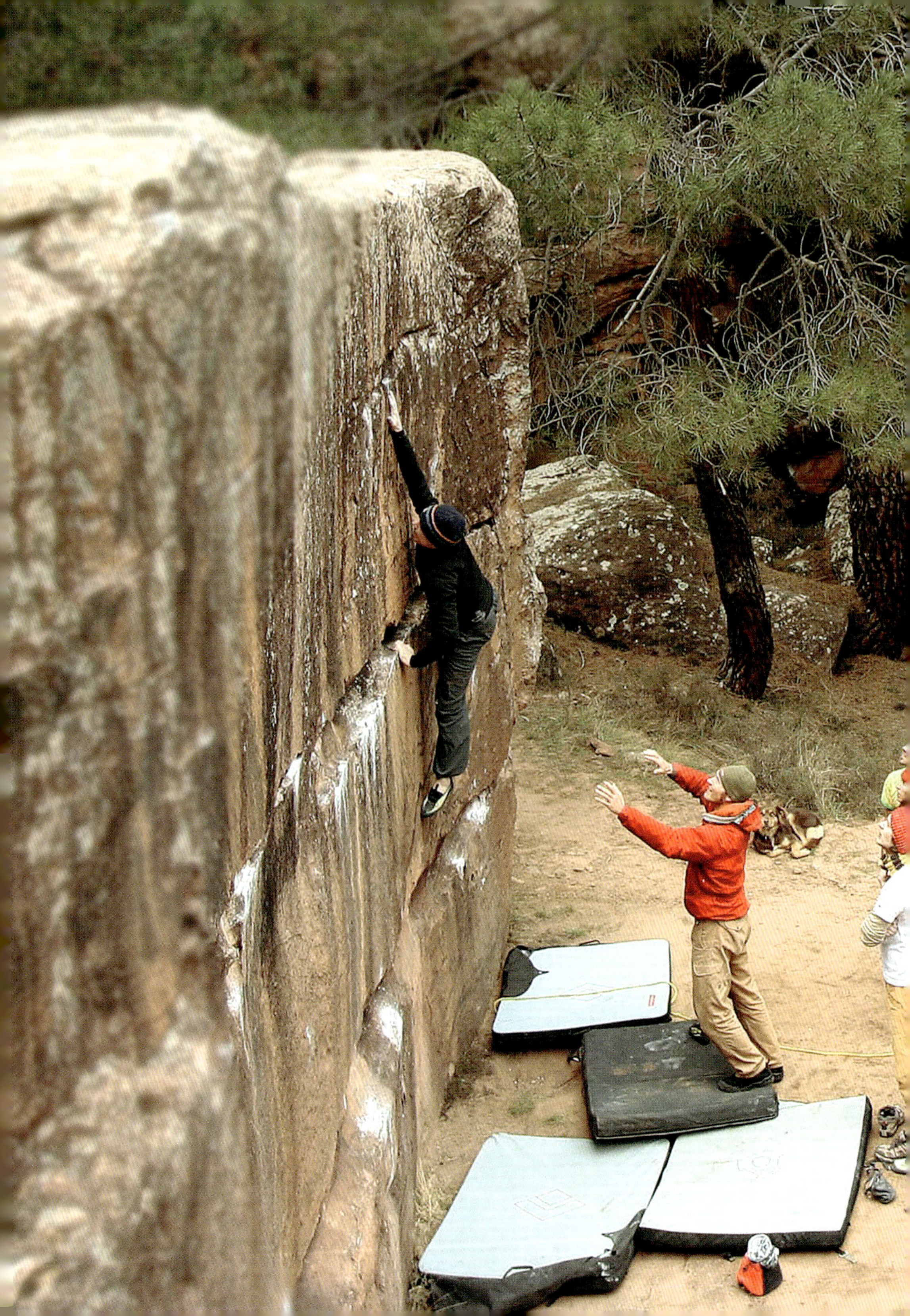

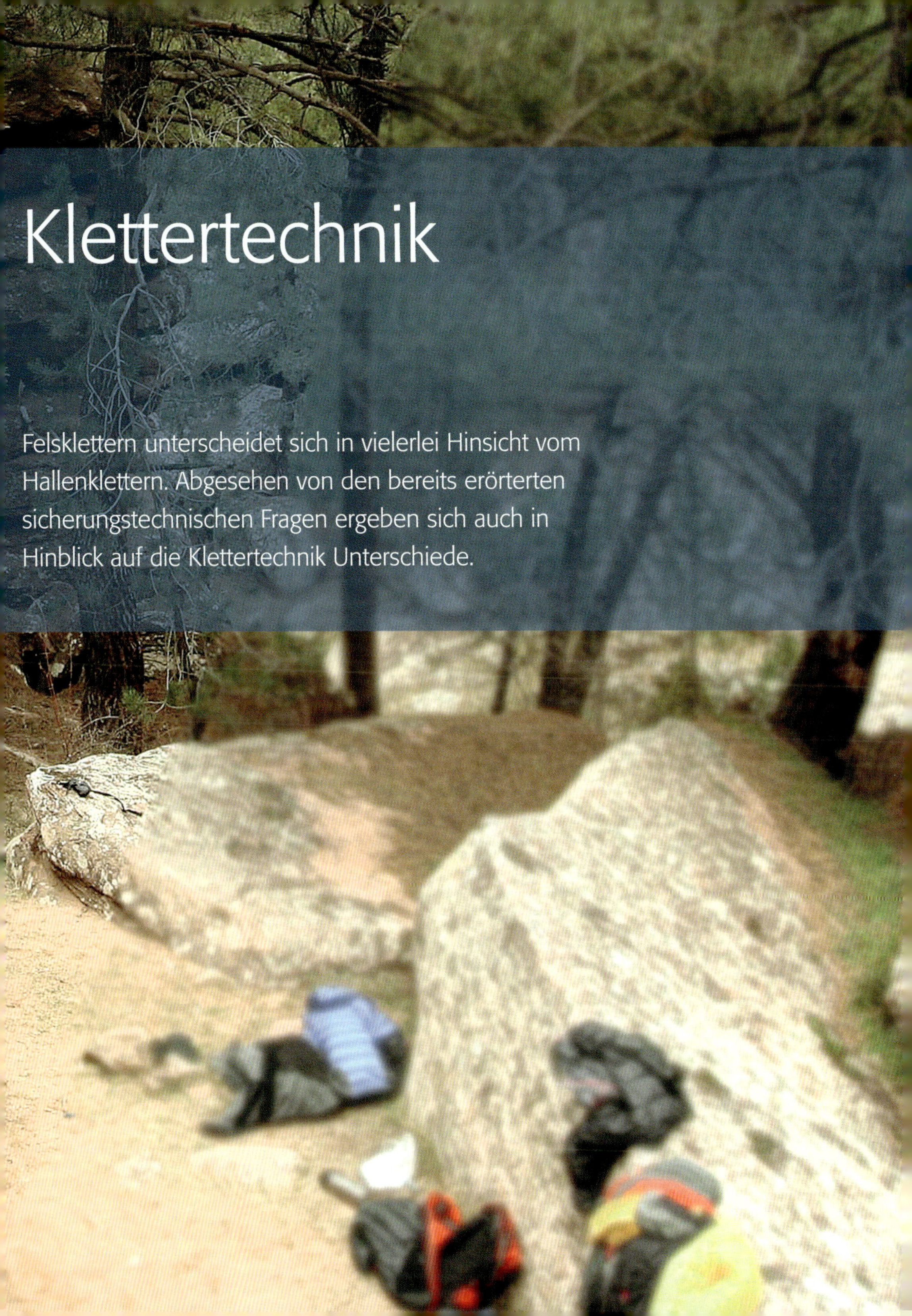

Klettertechnik

Felsklettern unterscheidet sich in vielerlei Hinsicht vom Hallenklettern. Abgesehen von den bereits erörterten sicherungstechnischen Fragen ergeben sich auch in Hinblick auf die Klettertechnik Unterschiede.

Das Technikleitbild

Als Hallenkletterer wirst du draußen nicht gleich deinen gewohnten Schwierigkeitsgrad klettern können. Während du an künstlichen Kletterwänden klar vorgegebene Routen hast, mit ergonomischen Griffen, musst du Draußen mit zwar zahlreichen, aber oft sehr kleinen und scharfkantigen Griffen und Tritten zurechtkommen. Deshalb verzweifle nicht, wenn du zu Beginn deiner »Outdoor-Karriere« viel langsamer am Fels kletterst als in der Halle. Du musst lernen, dich am Fels zu orientieren. Besonders das Setzen der Füße stellt am Fels eine Herausforderung dar.

Auch das Klettern am Fels besteht in der Regel aus vielen einzelnen Bewegungszyklen, bei denen es darum geht, sich mit den vorgegebenen Felsstrukturen auseinanderzusetzen, um z. B. eine Hand zu lösen, um Weitergreifen zu können. Das Technikleitbild Wandkletterm (TLBW) beschreibt einen einzelnen Zyklus. Das Greifen stellt sozusagen die zentrale Aktion beim Klettern dar. Der für das Greifen erforderliche Bewegungszyklus wird im Technikleitbild Wandklettern in drei Phasen (Vorbereitungs-, Haupt- und Endphase) beschrieben.

Vorbereitungsphase – Positionierung

Beim Klettern versuchst du dich so zu positionieren, dass du eine Hand lösen kannst. Dabei werden in der Regel die Füße passend zu den Griffen positioniert – und nicht umgekehrt. Um die Füße präzise und entlastet setzen zu können, solltest du die Bewegungsmerkmale »Nachgeben« und »Entkoppeln« berücksichtigen. Mit »Nachgeben« ist gemeint, dass du im Schultergürtel locker sein solltest, ohne im Schultergelenk

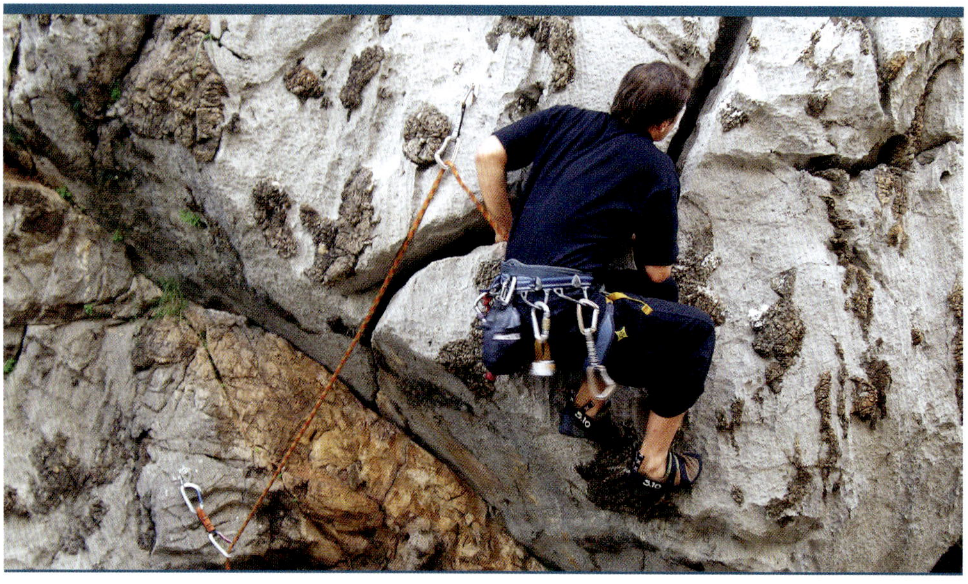

zu hängen. Dabei sind die Arme weitestgehend lang, also nicht angewinkelt, um Kraft zu sparen (siehe »Langer Arm, Schulter unten«). Das »Entkoppeln« bezieht sich auf eine Trennung der Bein- und Armbewegung. Es wird nicht aus den Armen gezogen, solange du die Füße setzt. Um Kraft zu sparen, versuche möglichst in kleinen Schritten im Lot der Haltehand anzulaufen.

Hauptphase – Hubarbeit und Weitergreifen

Wenn du dich richtig positioniert hast, erfolgt die Aufwärtsbewegung, mit dem Bewegungsmerkmal »Hüftverschiebung und Aufstehen«. Die Aufwärtsbewegung ist eine zweigeteilte Bewegung, die über ein Bein (trittwärts) und nach oben (aufwärts) erfolgt. Das Verschieben der Hüfte und das Aufstehen sowie das Weitergreifen erfolgen fließend ohne Unterbrechung. Dabei sollte die Greifhand so lange wie möglich auf dem Ausgangsgriff bleiben, um die Hüftverschiebung zu stabilisieren und die Aufwärtsbewegung zu unterstützen. Idealerweise führst du die Bewegung so präzise aus, dass du deinen Zielgriff gleich beim ersten Mal richtig belastet und greifst.

Endphase – Stabilisieren

Ganz gleich, ob das Greifen dynamisch oder statisch erfolgt: Beim Erreichen des Zielgriffs sollte die muskuläre Spannung so groß sein, dass der Körper in der neuen Position stabilisiert werden kann. Wie groß der Kraftaufwand dabei ist, hängt von der Lage der Griffe und Tritte, der Geländesteilheit und der sich daraus ergebenden Körperposition ab. Gegebenenfalls musst du nach dem Fassen des Zielgriffs mit den Füßen umtreten, um die Bewegung zu stabilisieren. Nachdem du die Bewegung stabilisiert hast, erfolgt wieder das Nachgeben in den Armen und im Schultergürtel, bevor ein neuer Bewegungszyklus eingeleitet wird.

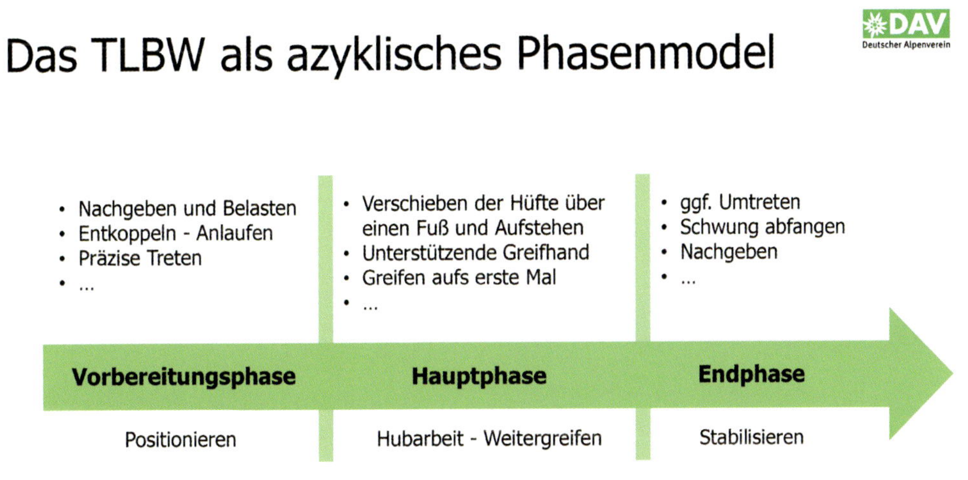

Ökonomisches Bewegen bei Wandkletterei

Nach einem Vorschlag von Köstermeyer und Hoffmann werden den einzelnen Phasen Bewegungsmerkmale zugeordnet. In ihrer Summe beschreiben sie ökonomisches Bewegen. Dieses Bewegungsmodell wurde als »Standardbewegung« eingeführt. In Zusammenarbeit mit Köstermeyer (2019) ist nun aus der Standardbewegung das Technikleitbild für Wandklettern entstanden. Das Technikleitbild beschreibt die Grundbewegungen des Kletterns und das variable, situativ angemessene Anwenden der Bewegungsmerkmale.

Die hier beschriebenen Bewegungsmerkmale sind primär bei senkrechter bis mäßig überhängender Kletterei von Bedeutung. Das Technikleitbild beschreibt eine »frontale« und »eingedrehte« Bewegungsausführung.

Idealisierter Bewegungsablauf

Klar ist, dass die folgende Beschreibung einen idealtypischen Bewegungsablauf darstellt, der in der Praxis durch verschiedene Faktoren wie z. B. individuelle Voraussetzungen der kletternden Person in Bezug auf Beweglichkeit und Kraft je nach Kletterstelle beeinträchtigt sein kann. Dennoch macht es Sinn, die eigenen Bewegungsmuster in Richtung dieser idealtypischen, ökonomischen Ausführung hin zu trimmen.

Langer Arm, Schultern unten

Egal, ob du gerade in einer Position verharrst, um dich zu orientieren oder um zu clippen, immer solltest du deine Kraft ökonomisch einsetzen, um deine Ziele oder die jeweilige Kletter-

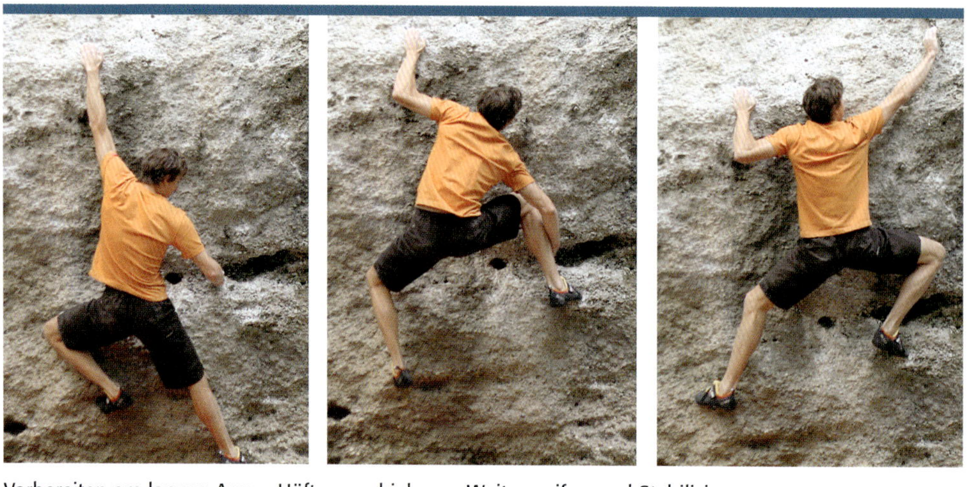

Vorbereiten am langen Arm – Hüfte verschieben – Weitergreifen und Stabilisieren

stelle erfolgreich hinter dich zu bringen.
Der »lange Arm« gehört zum Nachgeben im Oberkörper. Wenn die entsprechende Kletterstelle es zulässt, ist es kraftsparender die beugende Muskulatur in den Armen zu entlasten, in dem du die Arme lang oder gestreckt lässt. Hierbei ist es jedoch wichtig, sich nicht komplett in die Schultern zu hängen. Auch wenn die Spannung in den Armen abgebaut werden soll, muss die Muskulatur um die Schultern weiter arbeiten, um das Gelenk zu schützen. Das Schultergelenk wird großenteils durch die umliegende Muskulatur stabilisiert und zentriert. Wenn du dich zum Beispiel ständig beim Nachgeben in den Armen in das Gelenk hängst, wird dieses früher oder später überlastet.

Weich greifen

Griffe »weich zu greifen« beschreibt eine weitere Möglichkeit beim Klettern Kraft zu sparen. Achte einmal darauf, wie viel Kraft du mit deinen Fingern aufbringst, um dich an der Wand zu halten. Versuche Griffe so zu halten, dass du deine Position stabilisieren kannst, also nicht abfällst. Alles, was du zusätzlich an Kraft auf die Griffe bringst, mag dir vielleicht ein Gefühl von Sicherheit geben, ist aber zu viel und nicht ökonomisch. Das »weiche Greifen« wird durch ein formschlüssiges Greifen, also ein optimales Auflegen oder Anpassen der Finger zur Grifffläche, unterstützt.

Anlaufen neuer Tritte

Prüfe, inwieweit du das »Anlaufen« der neuen Tritte am »langen Arm« bewerkstelligen kannst. Köstermeyer (2019) spricht in diesem Zusammenhang von »Entkoppeln«. Gemeint ist, dass die Beinbewegungen zunächst unabhängig von den Armbewegungen vollzogen werden. Also nicht gleich anblocken, sondern erst schauen, welche Aktionen noch am bekanntermaßen kraftsparenden »langen Arm« möglich sind.

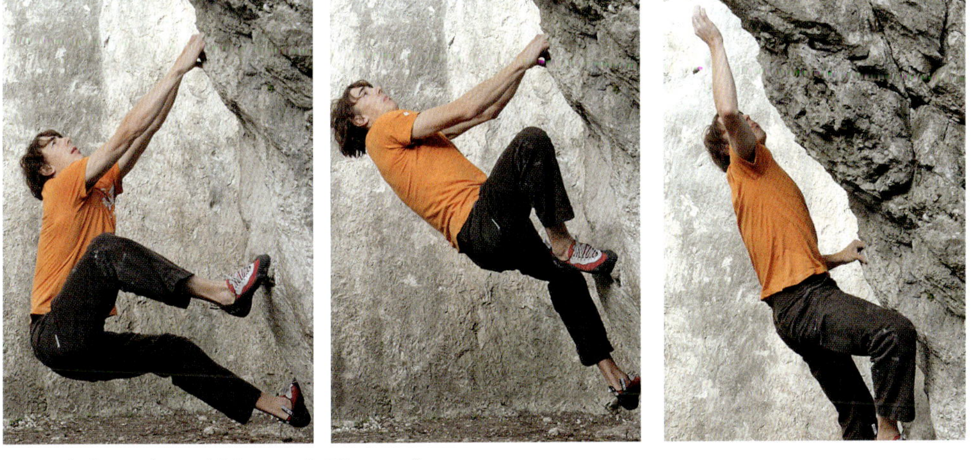

Dynamische Hüftverschiebung mit Körperwelle

Schrittgröße und leise treten

Das Anlaufen der neuen Tritte kann mit einem Schritt oder mit mehreren Schritten vollzogen werden. Stehen genügend Tritte zur Auswahl, sind mehrere Schritte in der Regel ökonomischer. Wähle zum Anlaufen Tritte, die sich im ungefähren Lotbereich deiner Haltehand befinden. Die Haltehand ist diejenige, die gerade weitergegriffen hatte und beim nächsten Zug an ihrem Griff bleibt. In der Regel befindet sich der von ihr gehaltene Griff höher als dein anderer Griff. Sind beide Griffe etwa gleich hoch, kannst du problemlos den gesamten Wandbereich unterhalb beider Griffe zum Anlaufen nutzen. »Problemlos« meint, dass du die jeweiligen Tritte »leise«, also kontrolliert und präzise, antreten kannst. Der antretende Fuß ist unbelastet und muss nicht an der Wand entlangschrubben. Voraussetzung für das »präzise Treten« ist ein kurzer Blick zum jeweiligen Tritt. Einen Tritt ohne Hinschauen exakt zu treffen ist zwar möglich, aber verdammt schwer. Mehr zum Thema Treten siehe unter Plattenkletterei.

Zwei Füße

Letztlich wünschst du dir zwei Tritte rechts und links des Lotes deiner Haltehand – und zwar auf einer Höhe, die es dir gestattet, nach dem Setzen der Füße, deinen Körperschwerpunkt über die Hüftverschiebung jeweils über deine Beinmuskulatur nach oben zu bewegen, um angenehm gestreckt am Zielgriff anzukommen. Steht lediglich ein Tritt zur Verfügung, ist es oft

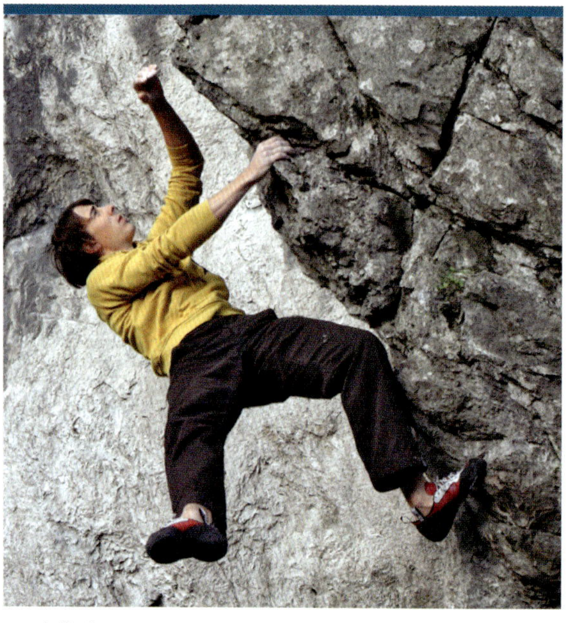

Pendelbein

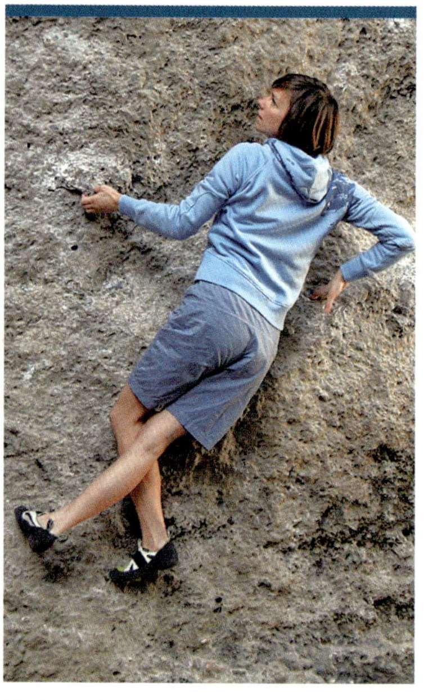

Hinten scheren

besser, den zweiten Fuß auf Reibung gegen die Wand zu stellen, als ihn nachzuschleifen.

Pendelbein

Manchmal, besonders wenn es steil wird, bietet sich das Pendelbein an. Der zweite Fuß bleibt dabei während des Weitergreifens in der Luft. Vergiss den Fuß aber nicht, sondern entscheide dich aktiv für die eine oder andere Variante.

Scheren und Ziehen am Tritt

Sind Tritte nur rechts oder nur links des Lotes der Haltehand verfügbar, stabilisierst du die drohende offene Tür mittels »Ziehen am Tritt« oder mittels Scheren der Beine. Mehr zu diesen Techniken findest du im »Alpin-Lehrplan 2, Klettern – Technik, Taktik, Psyche« (Hoffmann 2024).

Frontal oder eingedreht

Wirst du den folgenden Zug frontal oder eingedreht ausführen? Auf großen (Kunstwand-) Tritten hat deine Planung zunächst keinen zwingenden Einfluss auf die Fußstellung beim Antreten. Im Rahmen der Hüftverschiebung können frontal platzierte Füße auf den Tritten rotieren. Sehr kleine (Fels-)Tritte müssen von vornherein korrekt angetreten werden. Wichtig ist jedenfalls, dass du eine klare Vorstellung für die folgende Hauptphase hast. Nur dann wird es dir gelingen, sie flüssig und in einem Zug auszuführen.

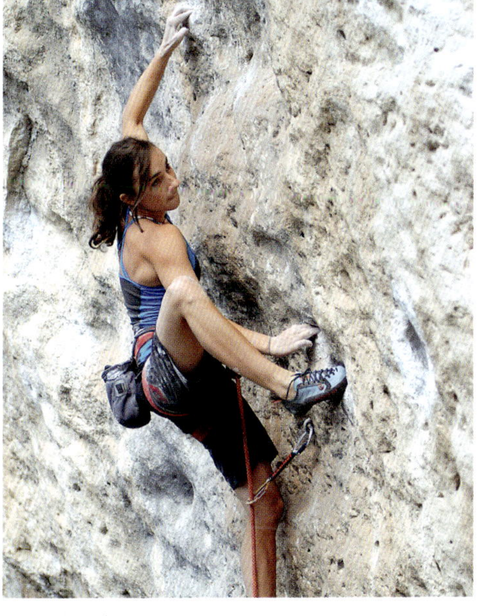

Frontaler Kletterzug

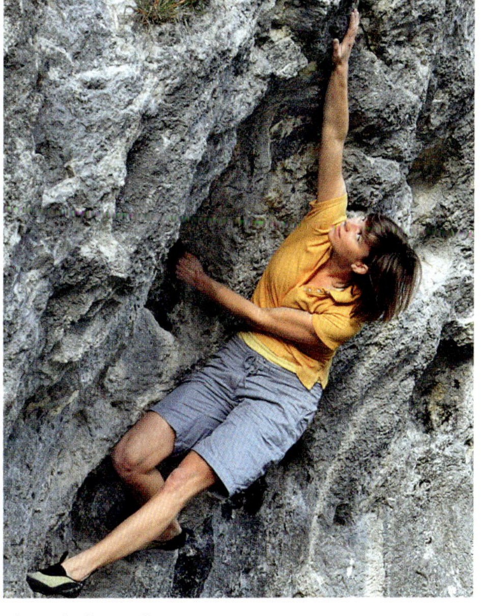

Eingedrehter Kletterzug

Ökonomisches Bewegen bei Plattenkletterei

Wie bereits erwähnt, gilt das oben beschriebene Technikleitbild primär für Wandkletterei. Es deckt damit die Kunstwandsituation ab und trifft gleichermaßen auch für Felsrouten zu. Bei Routen im liegenden »flachen« Gelände können einige Bewegungsmerkmale (z. B. »Nachgeben«, »Langer Arm«) weniger zur Anwendung kommen.

Mit »flach« ist eine Steilheit von circa 80° oder weniger gemeint – also das typische Gelände eher leichterer Felsrouten. Gleichwohl triffst du draußen oft Routen dieser Steilheit an, die im weitesten Sinn mit dem Begriff »Platte« bzw. »Plattenkletterei« beschrieben werden. Dabei können bereits circa 60° steile Platten durchaus hohe Schwierigkeitsgrade aufweisen.

Schwerpunktlage

Bei liegendem Gelände hältst du deinen Schwerpunkt während der gesamten Bewegungssequenz bestmöglich über den Tritten. Oft genügt es, die Hände lediglich balancierend am Fels anzulegen. Auf flachen Platten ist dein Körper somit relativ weit vom Fels entfernt, während du ihn bei steiler Plattenkletterei näher an der Wand entlangschlängelst.

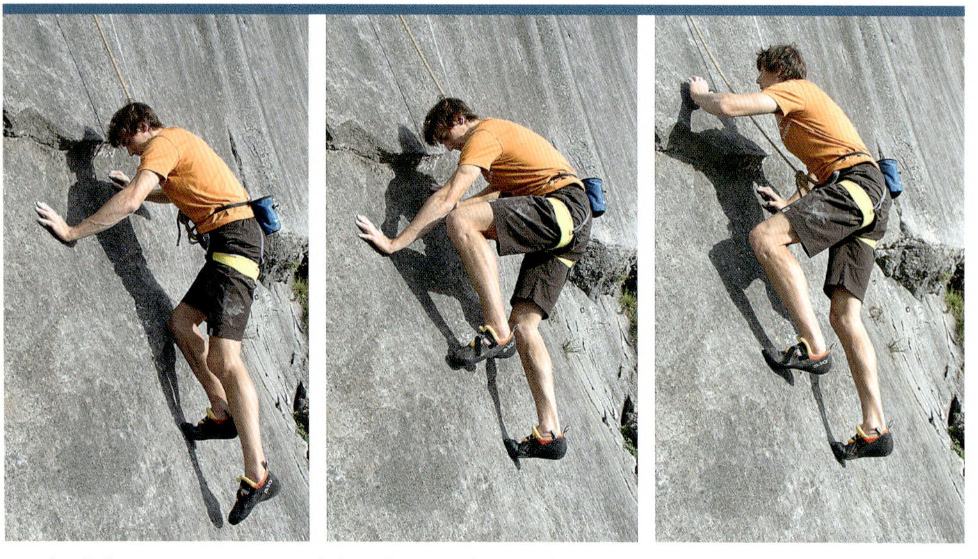

Um den linken Fuss zu setzen, wird der Schwerpunkt über den rechten Fuss verschoben. Die Hände balancieren die Bewegung aus.

Hüfte verschieben anders

Die grundlegenden Bewegungsmerkmale und -abläufe des Technikleitbildes bleiben bei der Palttenkletterei erhalten, jedoch müssen sie anders eingeleitet werden. Der Bewegungsimpuls für die Hüftverschiebung, welcher die Verlagerung des Schwerpunktes ermöglichen soll, kann beim Klettern auf einer Platte viel weniger aus den Armen erfolgen. Wenn du nicht präzise deine Füße auf den sehr kleinen und kaum vorhandenen Tritten platzierst, kannst du den entstandenen Schwung viel weniger über die Arme abfangen, falls du abrutschst. An Stellen, wo die Tritte weit auseinanderliegen, benötigst du nicht nur eine gute Fußtechnik, sondern auch die entsprechende Beweglichkeit der Hüfte und Kraft in den Beinen und Füßen.

Angemessene Dynamik

Je nach Situation vollziehst du die Bewegung statisch oder angemessen dynamisch. In dem gerade beschriebenen Beispiel mit den weit auseinanderliegenden Tritten muss die Bewegung dynamischer ausgeführt werden. Der Bewegungsimpuls erfolgt hier aus dem Standbein. Liegen die Tritte näher beieinander, kannst du dich langsamer in mehreren kleinen Schritten auf der Platte bewegen.

Greifen, Nachgeben

Stehst du erst einmal »über« dem neuen Tritt, ist das Weitergreifen weder schwierig noch anstrengend. Wie zuvor müssen die Hände lediglich balancieren. Hohe Körperspannung ist in dieser Phase überflüssig – achte darauf, dass du im gesamten Oberkörper »nachgibst« und locker bleibst oder wieder wirst. Da du mit den Armen wenig Kraft aufwenden musst, spielt es keine Rolle, ob sie »lang« oder gebeugt sind.

Präzise Treten

Wie schon oben aufgeführt, ist eine präzise Fußtechnik dein Schlüssel zum Erfolg auf schwierigen Platten. Wegen der hohen Praxisrelevanz der Fußtechnik beim Plattenklettern werden hier einige Aspekte genauer beschrieben.

Kleine Tritte antreten

Die Hauptaufgabe besteht darin, kleine Tritte überhaupt wahrzunehmen. Als Hallenkletterer bist du gewohnt, dass Tritte (mehr oder weniger) farbig und erhaben sind. Am Fels können sie recht unscheinbar sein. Eine 5 mm tiefe und 20 mm breite Leiste ist schnell übersehen.

Tiefe Ferse und Aufrollen

Kleine Tritte musst du von vornherein so antreten, wie du dir die Fußstellung für die nachfol-

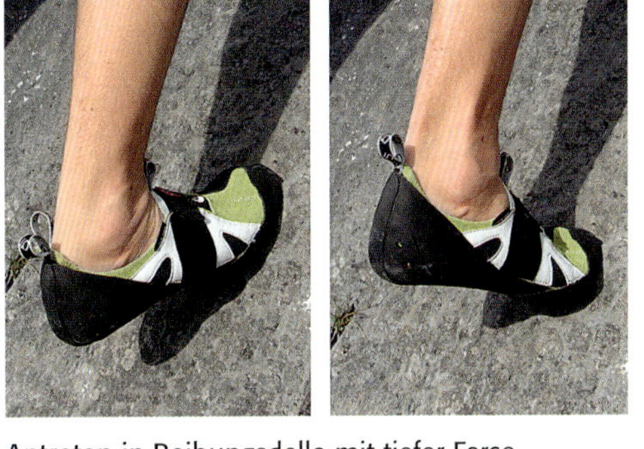

Antreten in Reibungsdelle mit tiefer Ferse, danach die Ferse anheben

gende Aktion wünschst (vgl. Frontal oder eingedreht, Seite 107). Ein späteres Drehen des Fußes auf dem Tritt ist in der Regel nicht möglich. Die kleine Leiste wirst du primär großzehennah mit der Schuhinnenkante antreten (ggf. auch einmal mit der Außenkante). Beim Setzen des Fußes hältst du die Ferse eher tief. Sobald die Sohle anliegt, hebst du die Ferse etwas an und presst die Sohlenkante mittels »Gegendrehen« des Vorderfußes genau in den hinteren Winkel des Trittes. Diese Technik wurde früher »Aufrollen« genannt.

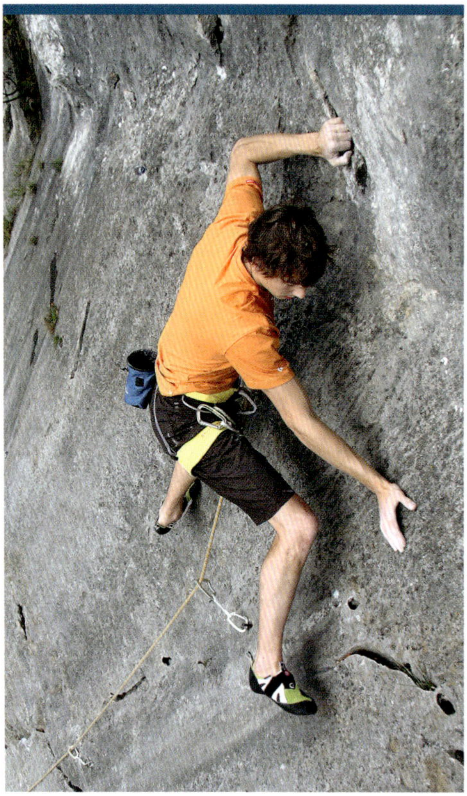

»Präzises Treten« mittels Stützen (bei großem seitlichem Trittabstand)

Auf Reibung antreten

Reibungstritte und -dellen trittst du primär frontal (also mit der Schuhspitze) an. Das Setzen des Fußes verläuft ähnlich wie gerade beschrieben, wobei das »Gegendrehen« wegfällt. Umso wichtiger wird die Fersenstellung. Bei einem ausreichend großen Reibungstritt hebst du die Ferse nur so weit an, dass der Vorderfuß flächig auf dem Tritt anliegt. Bei kleinen Reibungsdellen muss die Ferse weiter nach oben, um eine optimale Kraftübertragung im Großzehenbereich zu ermöglichen.

Ruhig stehen

Konzentriere dich darauf, den einmal gesetzten Fuß ruhig auf dem Tritt stehen zu lassen. Das oft beobachtbare »Wippen« kann die Position eines exakt platzierten Fußes nicht verbessern – im Gegenteil. Es besteht sogar die Gefahr, dass Wippen die Position verschlechtert und der Fuß abrutscht. Auch auf Reibungstritten bleibt dein Fuß ruhig stehen. Beachte diesen Punkt besonders im Sandstein. Wippen oder Drehen des Fußes kann einzelne Sandkörner lösen, die dann unter deiner Sohle wie ein Kugellager zu wirken beginnen.

Stützen

Die Crux bei schweren Plattenstellen besteht oft darin, dass du keine geeigneten Griffe findest, um das nächste Weitertreten vorzubereiten. Schlimmstenfalls findest du gar keine und kannst die Hände wirklich nur balancierend gegen den Fels legen. In dieser Situation und insbesondere wenn der nächste Tritt eine gewisse seitliche Entfernung zum Standfuß aufweist, ist »Stützen« sehr hilfreich.

Diese typischerweise in Verschneidungen angewendete Technik funktioniert auch auf Platten gut. Du musst deinen Schwerpunkt jetzt nicht mehr über den Standfuß verlagern, sondern du benutzt die gegengleiche Hand sozusagen als dritten Fuß. Sobald dein Schwerpunkt irgendwo über der Linie Standfuß-Stützhand liegt, kann der andere Fuß unbelastet weitertreten. So bewältigst du selbst große seitliche Trittabstände elegant und mit wenig Kraftaufwand.

Fußwechsel

Musst du mehrfach in die gleiche Richtung weitertreten (z. B. nach links oben) und steht zwischendrin nur ein Tritt zur Verfügung, ist ein Fußwechsel angesagt. Sind Tritt oder Reibungsfläche groß genug, stellst du den zweiten Fuß unmittelbar neben den ersten. Bei kleineren Tritten hilft Vorausschauen: Platziere bereits den ersten Fuß so, dass auch der zweite Fuß noch daneben Platz finden kann.

Dynamischer Fußwechsel

Bei noch kleineren Tritten stellt oft der dynamische Fußwechsel die beste Option dar. Bewege die zweite Schuhspitze unmittelbar über die des Standfußes (Sohle berührt Schuhoberseite). Führe eine dosierte Hochentlastung aus und wechsle die Füße im oberen »Totpunkt« deiner Rumpfbewegung. Beherrschst du dieses Bewegungsmuster gut, sind damit auch Fußwechsel auf sehr kleinen Tritten mit wenig Kraftaufwand realisierbar.

Dynamisch weitertreten

Es wurde bereits gesagt, dass die Hüftverschiebung auch mit einem dynamischen Impuls aus dem Standbein ausgeführt werden kann. Bei

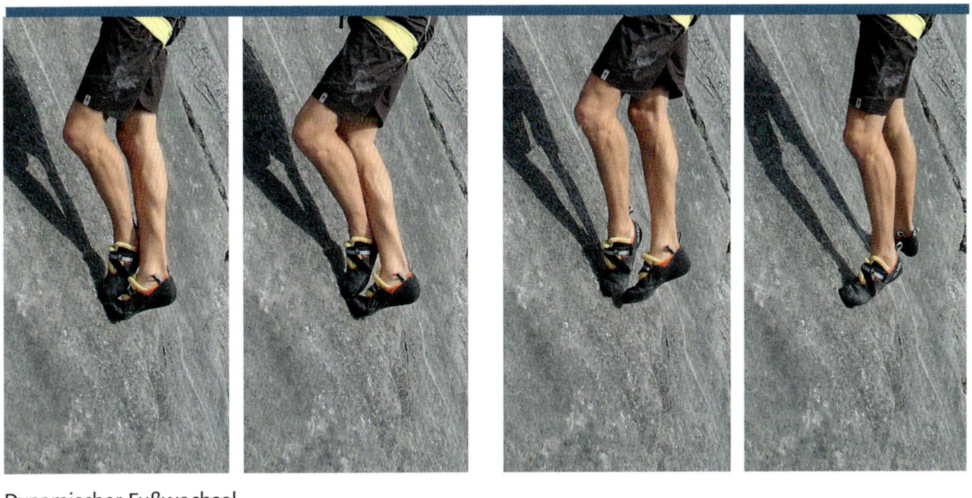

Dynamischer Fußwechsel, vgl. Text oben

steilerer, kleingriffiger, aber gut strukturierter Plattenkletterei kommt dem Aspekt »kleine Schritte« (vgl. Seite 109) hohe Bedeutung zu. Bei kleinen Schritten kannst du deinen Schwerpunkt näher an der Wand halten als bei großen. Ihn jedes Mal vollständig über den neuen Tritt zu verlagern ist aufwendig. In dieser Situation kann »dynamisch weitertreten« nützlich sein. Ähnlich wie beim dynamischen Weitergreifen ist hierfür Schwungholen angesagt. Diesen Schwung generierst du am besten mit einer seitlichen Hüftbewegung.

Um den linken Fuß zu versetzen, startest du mit einer leichten Ausholbewegung der Hüfte nach links, bewegst sie dann schwungvoll nach rechts und versetzt den Fuß im seitlichen Totpunkt der Hüfte. Durch die rasche Bewegungsumkehr der Hüfte (Totpunkt) bleib dir trotz der Dynamik relativ viel Zeit, um den Fuß präzise zu platzieren. Übe diesen Bewegungsablauf. Ähnlich wie der dynamische Fußwechsel braucht es Zeit, diese Bewegung flüssig und kontrolliert auszuüben.

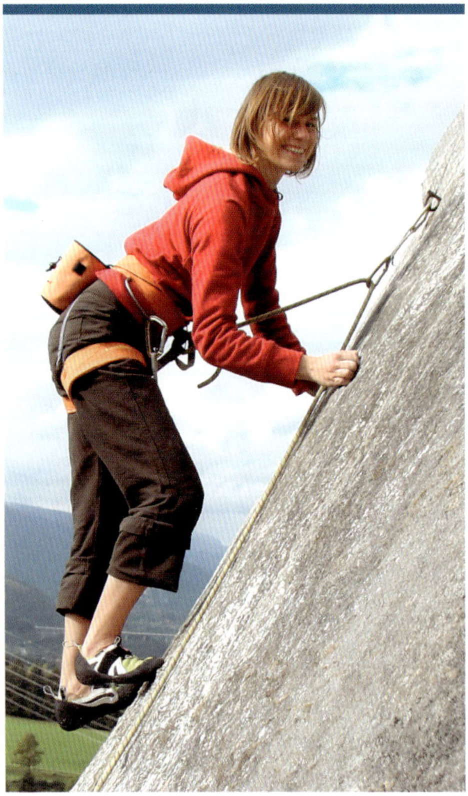

Bessere Reibung durch Belasten des Griff-Käntchens

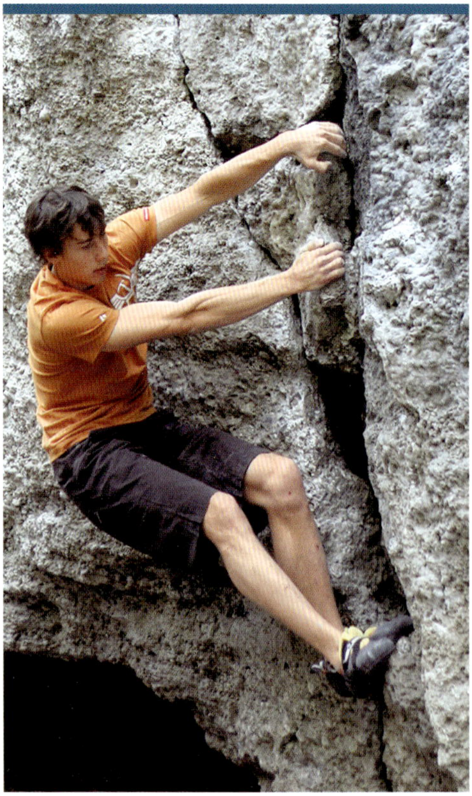

Gegendruck durch Schwerpunktverlagerung und Körperspannung

Auf Reibung antreten, Gegendruck

Klassischerweise versteht man unter Gegendruck eine absichtliche Schwerpunktverlagerung im Sinne der »Piaztechnik«. Im Gegensatz dazu kann Gegendruck auf Platten auch ohne Schwerpunktverlagerung realisiert werden – ausschließlich durch Belasten von Griffen und den Aufbau entsprechender Körperspannung.

Ein Beispiel auf circa 70° steiler Platte (Toprope oder sehr knapp über dem Boden): Nimm zwei Griffe in die Hände und stell dich auf zwei etwa 60° steile Reibungstritte. Nimm die Kraft wahr, mit der du die Griffe belastest, um auf den Tritten stehen zu können. Dann reduziere Haltekraft und Körperspannung. Früher oder später werden deine Füße abrutschen. Wiederhole die Übung auf rund 50° steilen Tritten. Je nach Gestein und Sohlenqualität kannst du die Haltekraft jetzt möglicherweise vollständig reduzieren und stehst nur noch auf Reibung.

Das Resümee dieser Übung ist die Tatsache, dass ein fließender Übergang besteht zwischen rein balancierendem Stehen auf Tritten einerseits und andererseits Stehen mit »Gegendruck« durch zusätzliches Belasten von Griffen. Auf Platten ist für diesen Effekt keine Schwerpunktverlagerung erforderlich.

Großer Trittabstand

Den Gegendruckeffekt kannst du dir beispielsweise bei großen Trittabständen zunutze machen. Du stehst entspannt auf dem unteren Tritt, die Hände halten zwei geeignete Griffe. Baue angemessene Körperspannung auf, steige ein- oder zweimal auf Reibung gegen die Platte, um so letztlich den hohen Tritt antreten zu können. Nach der Hüftverschiebung reduzierst du die Spannung sofort wieder auf das notwendige Minimum.

Wird das Gelände steiler, kombinierst du diesen Bewegungsablauf mit einer rückwärtigen Schwerpunktverlagerung. Du überwindest den großen Trittabstand also im Sinne der »Piaz-

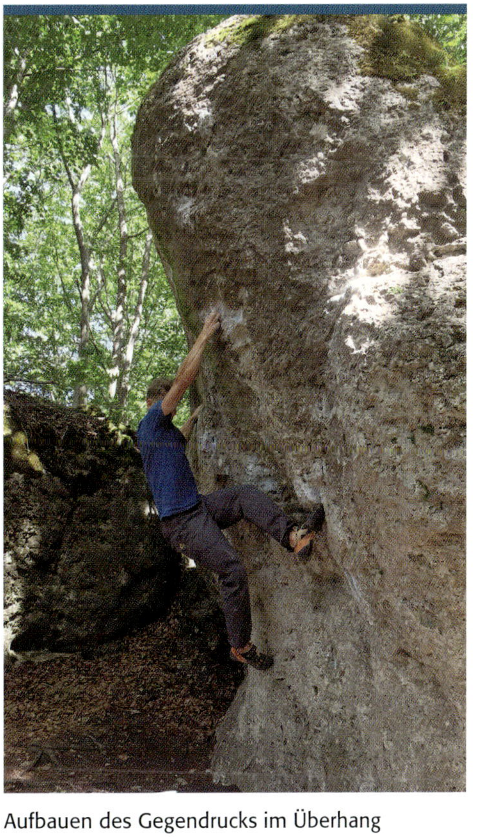

Aufbauen des Gegendrucks im Überhang

technik«, wobei du deine Hüfte schnellstmöglich wieder »über« den neuen Tritt schiebst, sobald dein Fuß darauf angetreten ist.

Abhocken auf hohem Tritt

Bei hohen Tritten kann auch Abhocken sinnvoll sein. Klappe dein Knie seitlich weg und setzte dich sozusagen auf die Ferse. Bei guten Tritten lässt sich dieses einbeinige Abhocken auch in steilen Routen und an Überhangkanten gewinnbringend einsetzen. Diese Bewegungsausführung, stellt nur eine »extremere« Variante der »Hüftverschiebung« dar und folgt zusätzlich dem Bewegungsmerkmal »Zwei Füße«. Zu diesem Zweck wird der zweite Fuß – ebenfalls seitlich weggeklappt – auf einen ähnlich hohen Tritt gestellt. Aus dieser sogenannten Froschstellung kannst du dank beidbeinigem Körperhub mit wenig Krafteinsatz aufstehen. Eine hohe Beweglichkeit in den Hüftgelenken hilft dir, Abhocken und Frosch effektiv in den Bewegungsablauf zu integrieren.

Im Zuge der Beschreibung dieser idealisierten Bewegungsausführung sind etliche klettertechnische Begriffe gefallen, die hier nicht weiter vertieft werden. Eingehendere Ausführungen hierzu findest du unter anderem im »Alpin-Lehrplan 2, Klettern – Technik, Taktik, Psyche« (Hoffmann 2024).

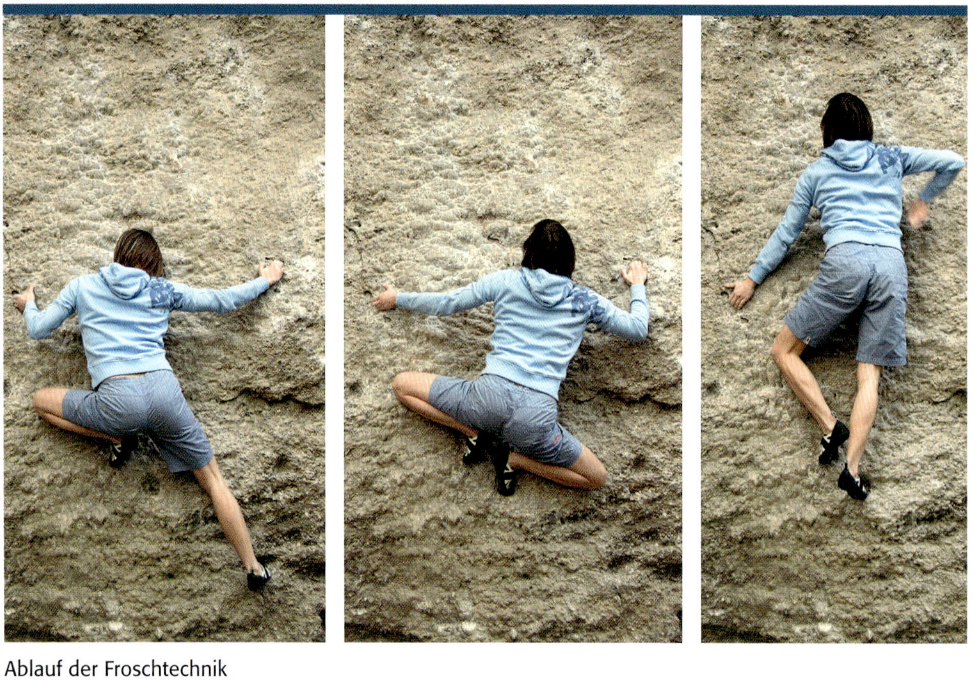

Ablauf der Froschtechnik

Weitere Aspekte

In knapp senkrechten Routen kannst du die Bewegungsmerkmale des Technikleitbildes mit den Variationen der Plattenkletterei situativ einsetzen. Du bewegst dich am langen Arm ins Lot der Haltehand, um kurz darauf mit gebeugten Armen und angeschmiegtem Schwerpunkt die Wand hochzuschleichen. Um dich in diesem Gelände situativ angemessen zu bewegen, ist es wichtig, dass du alle beschriebenen Techniken variabel abrufen kannst.

Neben Wand- und Plattenkletterei existieren am Fels auch andere Geländeformen. Typisch sind Verschneidungen, Kanten, Sinter, Kamine und Risse unterschiedlichster Breiten. Einzelne der beschriebenen Bewegungsmerkmale wirst du auch an diesen Strukturen immer wieder in deine Bewegungsabäufe einbauen. Um dich effektiv zu bewegen, wirst du allerdings auch noch andere, hier nicht weiter beschriebene Techniken bzw. Technikelemente benötigen. In diesem Zusammenhang sei aut den »Alpin-Lehrplan 2, Klettern – Technik, Taktik, Psyche« verwiesen (Hoffmann 2024).

Effektiv lernen

Technik wie auch Taktik und Psyche verbesserst du am effektivsten, wenn dieser Prozess professionell begleitet wird. Von einer Trainerin oder einem Coach kannst du dir Rückmeldungen zu deinen individuellen Stärken einholen. Ihr könnt zusammen deine Schwächen analysieren und Wege finden, diese abzubauen.

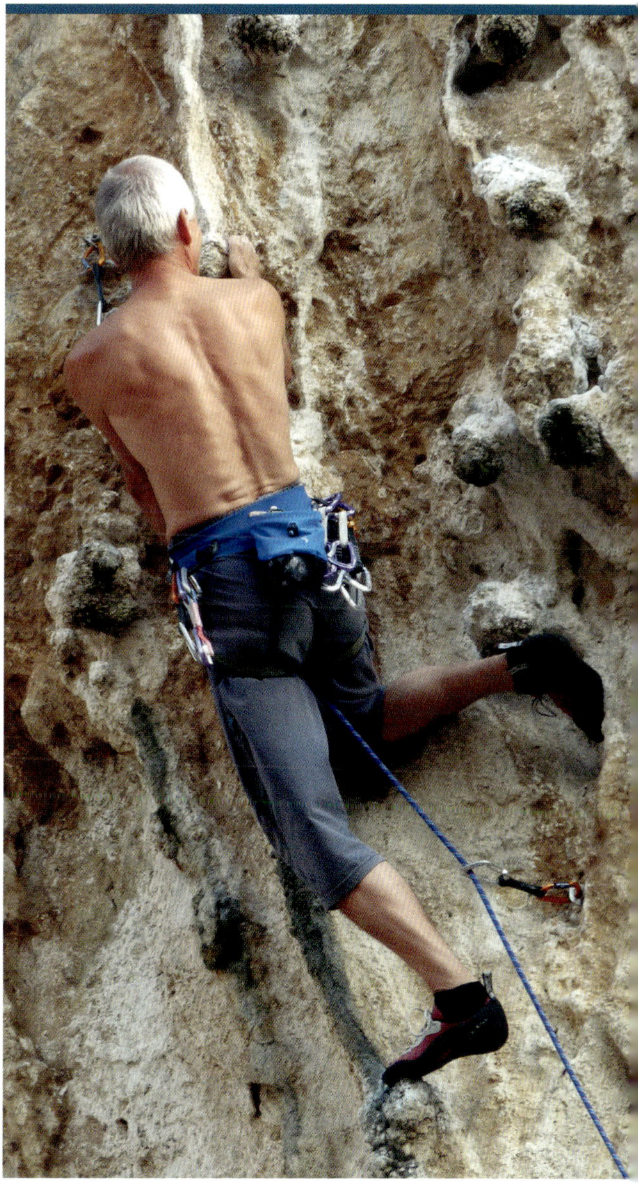

Knieklemmer bei Sinterkletterei

DAV-Kletterschein Outdoor

Die inhaltlichen Stichpunkte wurden jeweils zu Beginn der entsprechenden Kapitel wiedergegeben. Nachfolgend sind noch die Rahmenbedingungen für Kurs und Prüfung sowie die Bestandteile des Prüfungsprotokolls aufgelistet.

Modalitäten

Teilnahmevoraussetzungen

Beherrschen der Inhalte des DAV-Kletterscheins Vorstieg und des Sicherungs-Updates. Wer die Inhalte dieser Scheine nicht parat hat, kann von Kurs und Prüfung ausgeschlossen werden.

Kursdauer und Teilnehmeranzahl

Die Kursdauer beträgt mindestens zweieinhalb Tage (z. B. von Freitagnachmittag bis Sonntag). Die Gruppengröße soll maximal sechs Teilnehmer pro Leiter betragen.

Kinder und Jugendliche

Kinder sind in ihrer Entwicklung unterschiedlich schnell. Es gibt daher keine Festlegung auf exakte Altersgrenzen. Der Kletterschein Outdoor eignet sich für Jugendliche ab etwa 13 Jahren. Auch wenn Kinder einen Schein erhalten haben, besteht mindestens bis zum 14. Geburtstag Aufsichtspflicht für Eltern oder Trainer.

Kursort und Ökologie

Der Kursort soll eine möglichst ökologische Anreise gestatten. Die Felsen weisen geeignete Routen auf, die ohne zusätzliche Absicherung durch Keile oder Cams geklettert werden können. Die Ökologie-Inhalte sollen anhand geeigneter Beispiele im Gelände vermittelt werden.

Wer kann den Kletterschein Outdoor abnehmen?

Grundsätzlich dürfen nur Ausbilder mit Kenntnis der aktuellen DAV-Lehrmeinung, umfassender Erfahrung und gültiger Lizenz die Prüfung durchführen. Die entsprechende Fortbildung im DAV-Ausbildungsprogramm wird empfohlen.

Erforderliche Qualifikationen

- DAV Trainer*innen Sportklettern TCSP sowie TCSPI und TCLS mit ZQ Outdoor
- DAV Fachübungsleiter*in (FÜL) Alpinklettern
- DAV Jugendleiter*in nur mit Aufbaumodul Sportklettern 1
- Staatlich geprüfte Berg- und Skiführer*in

Hinweis

Die DAV-Kletterscheine sind keine Lizenz, sondern Leistungsabzeichen im Bereich Sicherungstechnik und verantwortungsvolles Verhalten am Fels. Insbesondere befähigen sie nicht zur Durchführung von Kletterveranstaltungen. Die Kletterleistung ist nachrangig.

Vermittlung der Ökologie-Themen

Die Ökologie-Inhalte werden situationsbezogen und im passenden Zusammenhang des Kursverlaufs vermittelt.

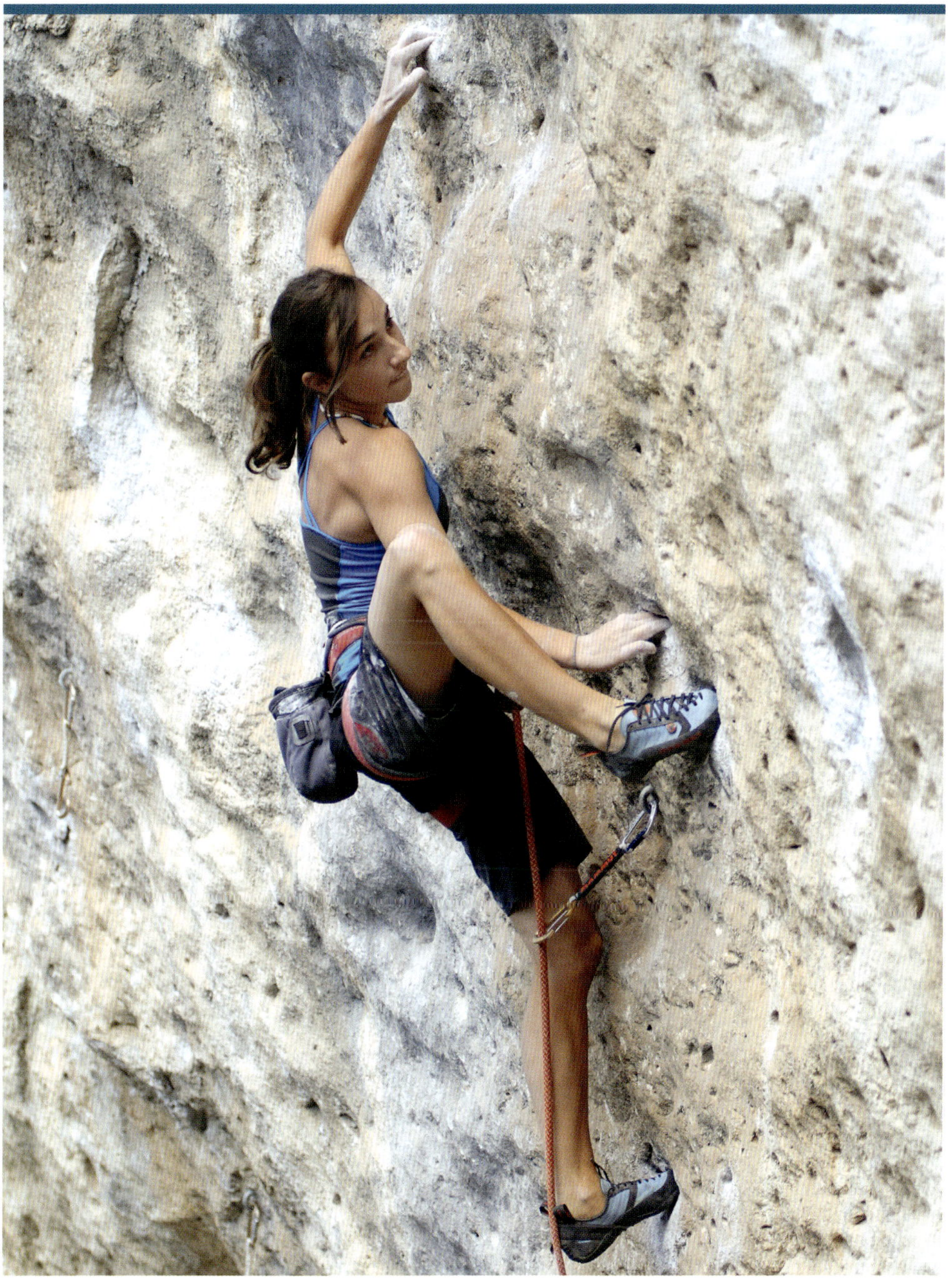

Der Kletterschein Outdoor eignet sich für Jugendliche ab etwa 13 Jahren.

Durchführung der Prüfung

Allgemeines

- Die Prüfung findet gegen Ende des Kurses am Fels statt.
- Sie soll mit dem nötigen Ernst, aber möglichst stressfrei erfolgen.
- Während der Prüfung gibt es keine Hilfestellung.
- Im Falle vergessener oder nicht korrekt ausgeführter Protokollpunkte sind Wiederholungen gestattet.
- Abbauen und Abseilen ist vorzugsweise bodennah durchzuführen.
- Der Prüfer füllt das Prüfungsprotokoll vollständig aus.
- Das Protokoll verbleibt beim Prüfer bzw. der übergeordneten Stelle (z.B. Sektion).

Prüfung Ökologie

- Prüfung in Gesprächsform innerhalb einer Gruppe mit maximal sechs Teilnehmern.
- Jeder Teilnehmer erläutert eines der sechs genannten Themen anhand der Grafik und stellt den Bezug zum Klettergebiet her.

Prüfungsprotokoll

Routenbeurteilung und Partnercheck

- Sicherungssituation entspricht Können und Vorstiegsmoral
- Inhalte Partnercheck Indoor (Gurtverschlüsse, Anseilknoten, Sicherungsgerät, Seilende)
- Zusätzlich Outdoor: Korrekte Anzahl der Exen
- Zusätzlich Outdoor: Helmfrage für Kletterer und Sicherer geklärt
- Sind ggf. erforderliche, weitere Sicherungsmittel mit dabei

Vorstieg Sichern

- Geeigneter Standort des Sichernden
- Wandfuß bzw. Sicherungsraum freigehalten
- Korrekte Schlappseilmenge vorbereitet
- Spotten bis zum ersten Haken
- Position des Sichernden nach dem ersten Clip

Vorstieg Klettern

- Zwischensicherungen aus stabiler Position geclippt
- Hakenkarabiner: Schnapper »gegenüber« Kletterrichtung
- Seilkarabiner: Seil »unverdreht« bzw. »in Linie« eingehängt
- Nicht hinter dem Seil gestanden
- Oberhalb der Haken kontrolliert und reversibel geklettert
- Lose erscheinende Griffe getestet

Fädeln und Abbauen

- Korrekter Ablauf der einzelnen Schritte beim Fädeln
- Redundanz durch Seilfixierung im Sicherungsring
- Beim Fädeln die Selbstsicherung nicht entlastet

Abbauen mit Abseilen

- Selbstfixierung mit Ankerstichschlinge
- Seilenden abgesichert
- Tube korrekt eingehängt
- Prusik korrekter Länge in Beinschlaufe eingehängt
- Vor Aushängen der Selbstsicherung alles geprüft

Ökologie

- Planung
- Anreise, Aufenthalt
- Verhalten am Wandfuß
- Vogelschutz
- Zonierung, Kletterkonzept
- Schutz des Felskopfes

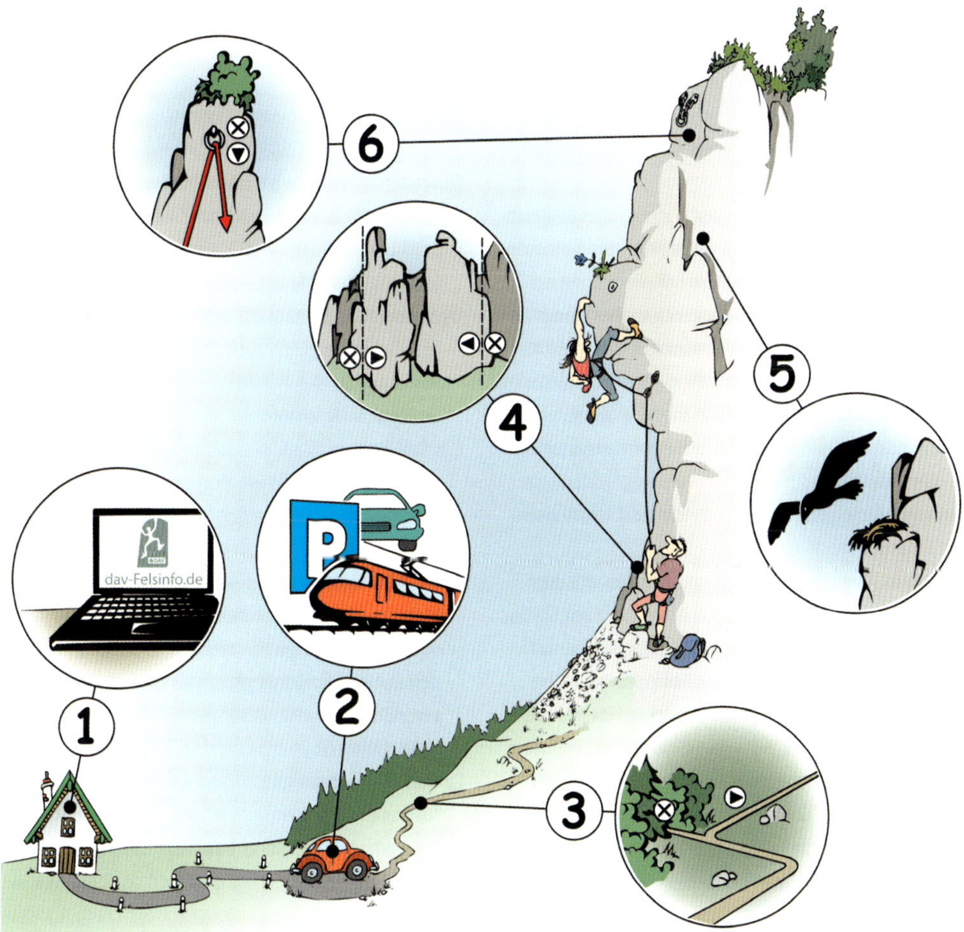

Prüfung Ökologie. Du kannst die hier abgebildeten Themenbereiche korrekt erläutern.

Stichwortverzeichnis

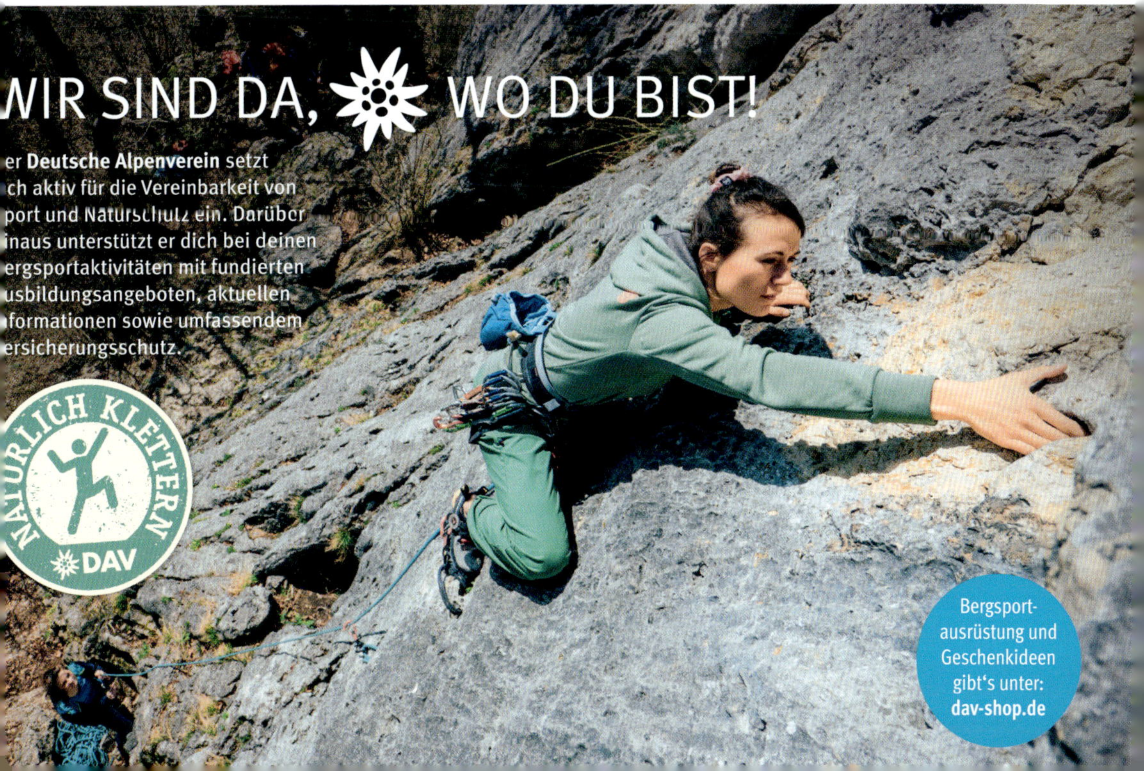
VIR SIND DA, WO DU BIST!
er Deutsche Alpenverein setzt
ch aktiv für die Vereinbarkeit von
port und Naturschutz ein. Darüber
inaus unterstützt er dich bei deinen
ergsportaktivitäten mit fundierten
usbildungsangeboten, aktuellen
formationen sowie umfassendem
ersicherungsschutz.
NATÜRLICH KLETTERN
DAV
Bergsport-
ausrüstung und
Geschenkideen
gibt's unter:
dav-shop.de

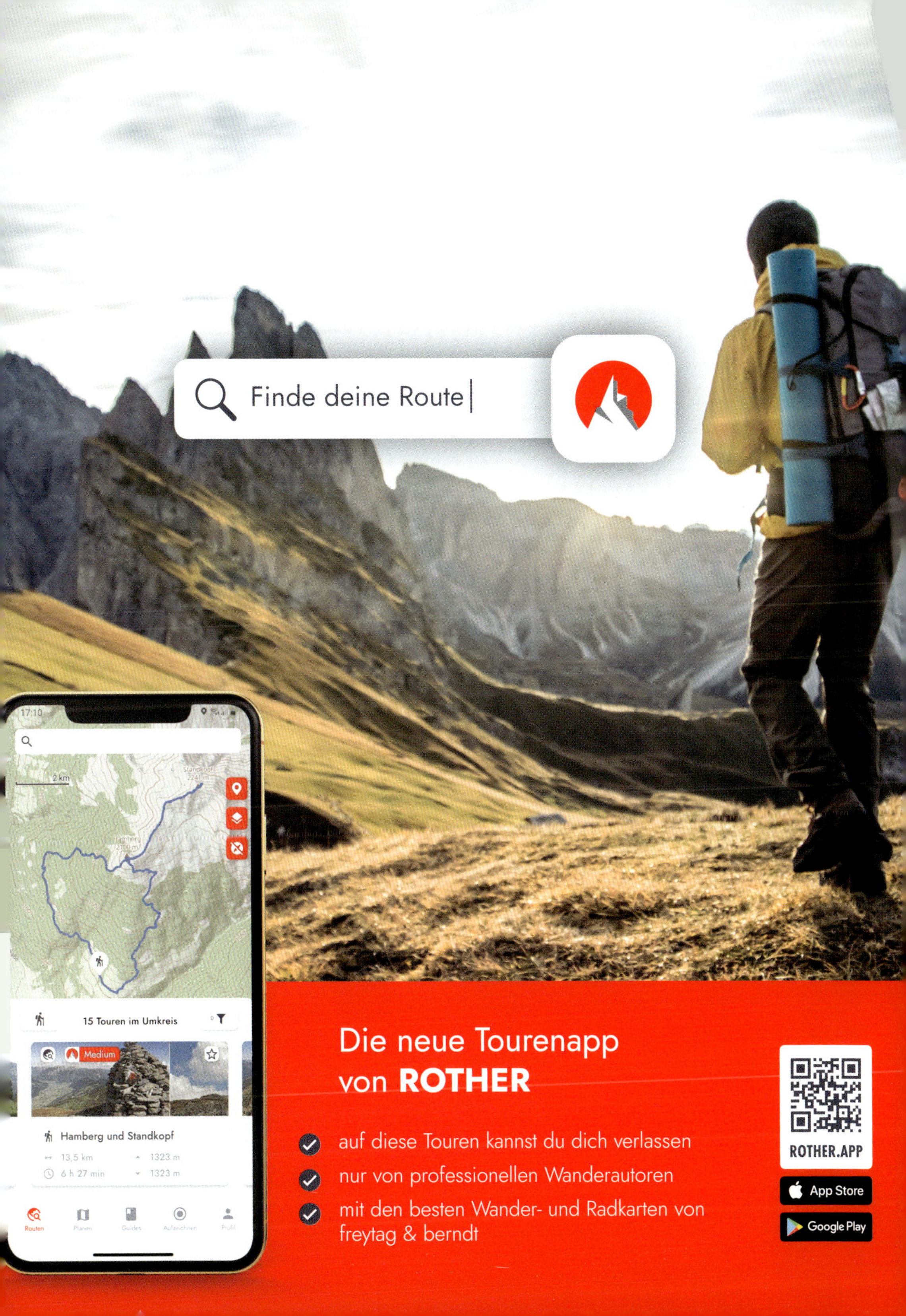

Finde deine Route
17:10
15 Touren im Umkreis
Medium
Hamberg und Standkopf
13,5 km
1323 m
6 h 27 min
1323 m
Die neue Tourenapp
von ROTHER
auf diese Touren kannst du dich verlassen
nur von professionellen Wanderautoren
mit den besten Wander- und Radkarten von freytag & berndt
ROTHER.APP
App Store
Google Play

Felsklettern beim DAV

In den über 350 Sektionen des Deutschen Alpenvereins werden Kurse und Führungen für alle Könnensstufen und in vielen Bergsportarten angeboten. So kann jeder, der sich für das Felsklettern interessiert, den richtigen Kurs finden. Kletterkurse bietet auch der DAV Summit Club, die Berg- und Skischule des DAV.

Deutscher Alpenverein e.V.
Anni-Albers-Straße 7, 80807 München
info@alpenverein.de, www.alpenverein.de
www.dav-felsinfo.de
www.alpenverein.de/Bergsport/Sicherheit/Klettern/

DAV Summit Club
Anni-Albers-Straße 7, 80807 München
info@dav-summit-club.de
www.dav-summit-club.de

Impressum

Bildnachweis:
Alle Grafiken: Georg Sojer, außer
S. 8: Michael Hoffmann
S. 103: Grafik erstellt von Guido Köstermeyer (Peak Performance, 9. Auflage, S. 32), überarbeitet 2023 von Tilmann Hepp und Björn Jockel

Alle Bilder: DAV Archiv, außer:
Buck, Andreas: S. 13 re.; DAV/Julian Rohn: S. 10/11; Edelrid: S. 36 re., 37 li.; Petzl: S. 37 re.; Heckmair, Hansi: S. 35 re., 36 li., 43, 45 (4), 58; Hoffmann, Michael: S. 20/21, 24, 27, 29, 32, 55, 59, 64, 80, 81, 104 (3), 105 (3), 106 (2), 107 (2), 108 (3), 109 (2), 110, 111 (4), 112 (2), 114 (3), 115; Jockel, Franziska: S. 27, 113; Keller, Matthias: S. 2/3, 10/11, 48/49, 88/89, 117; Kollert, Jürgen: S. 19; Meisl, Michi: S. 1, 4 (2), 5 (2), 7; Salewa: S. 33 li, 62/63, 72/73, 100/101; Schöffl, Volker: S. 94; Semmel, Chris: S. 34 li., 38 re., 74; Winter, Stefan: S. 25, 28, 33 re.

Umschlagfotos:
Vorderseite: Salewa
Rückseite: Michael Hoffmann

Autor: Michael Hoffmann, 2023 überarbeitet von den DAV-Ressorts Bildung und Sportentwicklung

Rother Bergverlag,
Keltenring 17, 82041 Oberhaching
Tel. 089/608669-0, leserzuschrift@rother.de

3. Auflage 2024

ISBN 978-3-7633-6096-3

FSC www.fsc.org MIX Papier | Fördert gute Waldnutzung FSC® C147178